생활을 풍요롭게 하는
풍수학 카페

생활을 풍요롭게 하는

풍수학 카페

완당 **홍성서** 지음

이담
Books

　풍수지리 문화는 한국을 비롯한 동양 여러 나라에서는 유구한 역사적 산물이다. 특히 한반도는 풍수지리의 자생국가라 할 수 있을 정도로 우리의 삶과는 밀접하게 연관되어 있다. 하지만 실질적으로 풍수지리의 효과는 미심쩍다고 할 수 있다. 더구나 몇몇 교육기관을 제외하고는 사설기관에서 일부 관심인들에 의해서만 연구되어 전해졌고, 떠도는 소문만큼 현실적이지도 못했다. 그렇다 보니 조상님을 잘 모셔서 집안이 번성했다는 이야기도 있지만, 대부분 가정이 우환 없는 집이 없을 정도로 어려움을 겪는 것이 현실이다.

　본인 역시 아버님께서 돌아가신 후 두 달 만에 이장하는 경험을 하였다. 누구나 겪는 평범한 실수였다고 할 수 있다. 아버님께서 살아생전에 원하시던 곳에 모셔드리면 된다는 사고였기 때문이다. 이것이 가슴 아픈 실수라는 것을 늦게야 알고서 큰 후회를 하였다. 집안의 가장으로서 다시는 이러한 실수를 해서는 안 된다는 생각에서 풍수지리를 공부하게 되었고, 공부해본 결과 참으로 소중한 학문이라는 것을 알게 되었다.

　조상과 후손과의 관계가 죽음으로 끝난다면 그리 우려할 일도 아니다. 또한, 부모님 살아생전에 자식으로서 온 힘을 다한 것으로 위안할 수도 있을 것이다. 그러나 지금까지 나름대로 연구한 결과는 전혀 그렇지가 못하다는 것이다.

돌아가신 조상님과의 관계는 생활을 같이하고 있지 않을 뿐이지 같이 생활하고 있는 이상으로 많은 부분에서 연관되어 있다는 것이다. 이러한 사실들을 혼자만 알고 있는 것은 과욕으로 생각되어 많은 분과 같이하고자 재주 없는 글 솜씨로 부끄럼도 무릅쓰고 적어 보았다.

이 글의 순서는 먼저 풍수지리를 상식수준에서 이것이 무엇이고 어떠한 것인가를 현실을 통해 설명하고자 하였고, 둘째는 풍수지리가 미신이 아닌 실증적 자연과학이라는 것을 설명하였고, 셋째는 현재 일반인들이나 이를 공부하고 있는 분들이나 이를 실행에 옮기고 있는 지사 분들과 함께 현실을 되돌아보고자 노력하였으며, 넷째는 이러한 사실을 통해 조상님에 대한 우리의 마음가짐을 굳게 하고자 하였다. 많은 분이 참고하여 집집이 행복이 끊이지 않기를 기원하는 바이다.

2013년 11월
완당 홍성서

차례

02 풍수학의 현실 이야기

03 풍수지리는 과학이다

04 풍수학은 생활 속에 있다

01

풍수학을
바르게
알자

풍수지리를
공부하다

풍수지리에서 가장 핵심적이라고 하는 혈(穴)*

에 대한 궁금함과 '도대체 이것이 무엇인가? 어떻게 생겼는가? 정말 그렇게 좋은 것인가? 혈은 정말 있는 것인가?'라는 해답을 구하기 위해 나름대로 오랫동안 동분서주했다. 혈을 잘 안다고 하는 많은 사람을 만나도 보고 산천도 헤매어 보았지만 이렇다고 할 만큼 만족스러운 답은 찾을 수 없었다. 더욱이 만난 분들 대부분은 혈을 이야기한다고 하면서도 동문서답 식으로 하는 이야기가 전부였다는 경험도 하게 되었다.

어떠한 경우는 혈에 대해서 하는 이야기가 천 리를 꿰뚫고 있는 것같이

---

* 명당은 일반적으로 양택(집 터)인 경우에는 주 건물 전방을 말하고, 음택(묏자리)인 경우에는 무덤 앞에서 혈과 안산과의 사이의 공간으로 청룡·백호에 의해 둘러싸인 부분이다. 그러나 혈은 음택이나 양택에서 주 건물이 들어선 자리나 망인을 안장하는 묏자리 장소를 말한다.

느껴졌으며, 산천에 대한 설명은 전설의 고향에서나 들어봄 직한 내용으로 신기함을 느끼기도 하였다. 그러다가 그분들의 이야기가 결론에 다다를 때 되어서는 모두 말없이 돌아서면 그만이었다. 그렇다 보니 혈에 대해서 어느 정도 이해가 되는 듯도 하다가 이내 천 길 낭떠러지로 떨어지는 것 같은 허탈감을 여러 차례 맛보았던 것이 사실이다.

그러면서도 정말 혈은 있는 것인지? 명혈에 조상님의 묏자리를 정하면 자손들은 모두 잘 되는지 궁금하지 않을 수 없었다. 더욱이 오랜 역사 속에서 많은 사람이 연구하고 이를 입증하였다고 하지만, 정작 풍수지리의 원리라 할 수 있는 조상님과 자손과의 인과를 증명할 만한 실증적인 사실을 객관적으로 밝힌 내용은 없었다. 풍수지리를 공부하는 사람들만 서로 이에 대해 갑론을박하고 있는 것이 현실이었던 것이다.

그러나 혈의 존재는 인간의 구조와 비교하여 설명될 수 있을 것 같다는 결론을 얻었다. 즉 '우리 인간의 구조는 어떻게 생겼는가?'라는 질문처럼 '혈 또한 어떠한 구조로 어떻게 존재하는가?'라는 질문을 해 보자.

아마도 기본적 논리로 가장 소중한 것들은 외부에 노출되지 않고 잘 보호받고 있으며, 보호역할을 하는 것들은 모두 강직하고 우직하면서도 부드럽고 유정하게 모여 있다고 이야기할 수 있을 것이다. 혈도 이와 같이 자연 속에서 잘 보호받으며 존재하고 있음을 알게 되었다. 좀 더 이의 구조와 존재를 이해하고자 한다면 사람의 중요한 장기처럼 혈도 주변의 산천에 의해 보호를 받으며 존재한다는 사실이다. 정말 신비하고 아름답다!

풍수지리는 아름답고 신비한 혈의 존재와 이의 활용방법을 하나의 원리로 규명하고 이를 활용하여 인간의 행복과 강녕을 이룩하고자 하는 학문이라 할 수 있다.

그리고 보호받고 있는 혈처럼 우리를 보호해 주고 도와주는 것이 있다면 첫째가 부모님과 가족들과 조상님이 아닐는지? 이러한 보호에 감사한 마음으로 부모님과 조상님을 사후에 편안하게 자연으로 돌아가시게 하는 것이 조금은 보은에 답하는 길은 아닐는지? 그렇게 하기 위해서는 밝고 맑은 마음과 정신으로 산천을 바라보아야 할 것이고, 이러한 길을 내딛는 첫걸음이 풍수지리 공부의 시작은 아닐는지?

즉 풍수지리는 우리 인간의 삶에 있어서 많은 영향을 미치고 있는 자연환경과 그 속에 포함된 물과 바람 등을 연구하고 혈을 찾아 재화(災禍)를 막고 행복한 삶을 살게 하는 학문이다. 그러나 일부 사람들이 풍수지리를 미신적이고 비현실적인 부분으로 생각하는 이유는 아직 모든 사람이 사용할 수 있는 객관적이고 실용적인 방법이 제대로 연구되지 않았기 때문이라 생각된다.

풍수 한마디!

풍수지리 공부는 아마도 공부의 목적에 따라 세 가지로 나누어 볼 수 있을 것이다. 첫째는 좋은 지식을 습득하여 집안과 조상님을 살피고자 하는 경우이고, 둘째는 타고난 운명같이 취미나 관심 또는 호기심이 있어서 공부를 시작하는 경우이고, 셋째는 세상의 풍문에 관심이 생겨서 공부하는 경우일 것이다. 그러나 어떠한 이유에서건 풍수지리를 공부하고자 한다면 마음에 새겨야 할 점은 한 가정의 안위가 달려 있다는 것이다. 의사는 한 사람의 생명을 다루지만 지사*는 한 집안의 운명을 다루기 때문이다.

---

* 지사(地師)란 풍수설에 따라 집터나 묏자리를 잡아 주는 사람으로 지관(地官), 풍수사(風水師) 지리관(地理官)등으로 불린다.

혈의 존재와
정연한 이치

일부 사람들은 혈의 존재에 대해 미신으로 생각하고 있음이 현실이다. 더욱이 요즘에는 화장 문화가 급속히 발전하면서 이에 대한 의구심과 무관심은 더해지고 있다. 의구심과 무관심에 대해서는 안타까운 일이 아닐 수 없다. 가능하면 많은 사람이 복된 삶을 살 수 있기를 바라는 마음으로 간단하게나마 풍수지리에서 이야기하는 혈이 객관적이고 과학적으로 존재하고 있음을 이야기해보고자 한다.

첫째, 풍수지리라는 단어와 함께 기본적으로 떠오르는 것은 청룡과 백호*라는 용어일 것이다. 아마 이 두 용어만 확인해보아도 답은 명확하다. 요즈음은 많은 사람이 운동으로 등산을 선택하는데 이 경우 등산 대상인 산에

---

* 묘지 앞에서 봉분을 등 뒤로하고 전면을 볼 때 왼쪽에 있는 산줄기를 청룡이라 하고, 오른쪽에 있는 산줄기를 백호라 하는데 이는 천문학에서 유래한 명칭이다.

있는 암자를 방문해 보라고 이야기하고 싶다. 청룡이 아름다운 암자는 대부분 남자 스님이나 대처스님들이 거처하고 있고, 백호가 아름다운 암자는 대부분 비구니스님, 즉 여스님들이 거처하고 있음을 볼 수 있을 것이다.

또한, 산소에서도 청룡 쪽에 있는 산줄기가 많고 아름다운 가정은 아들 자손이 많고, 백호 쪽 산줄기가 많고 아름다운 가정은 딸 자손들이 많다는 사실을 조사해보라고 권해보고 싶다. 이는 지금까지 청룡과 백호에 대한 많은 지리서의 내용, 즉 청룡은 아들이나 권위와 명예를 상징하고, 백호는 딸이나 재물을 상징한다고 하는 것을 실증적으로 보여주고 있다고 할 수 있다.

둘째, 풍수지리에서 말하는 혈이라고 하는 대상은 객관적으로 공통된 모양을 하고 있다는 것이다. 즉 와, 겸, 유, 돌* 중에 반드시 하나의 형태를 취하고 있는 것이다. 손바닥을 약간 오므린 것과 같은 형태를 '와'라 하고, 두 다리를 뻗고 있는 것과 같은 형태를 '겸'이라 하고, 여자의 젖가슴 모양을 하고 있는 형태를 '유'라 하고, 볼록하게 작은 동산처럼 솟아오른 형태를 '돌'이라고 한다. 세상에는 이보다 더 객관적이고 사실적인 것도 그리 많지는 않을 것이다. 이에 더하여 혈의 주변에는 혈이 무너지지 않고 잘 보존되도록 선익과 전순** 등도 갖추고 있는데 이는 혈을 증명하는 요소이다.

셋째, 혈이 있는 곳은 반드시 주역의 하도낙서*** 에 의한 법칙을 따라서

---

* 　주역의 사상(四象)에 근거하여 풍수지리에서는 혈의 모양에 따라 와(窩), 겸(鉗), 유(乳), 돌(突) 네 가지의 종류로 구분을 한다.

** 　혈의 좌측과 우측 양쪽에는 선익(蟬翼)이 있어서 혈을 보호하고, 혈의 아랫부분에는 전순(前脣)이 있어서 혈을 보호하고 있다.

*** 　하도(河図)란 중국 고대 복희씨(伏羲氏) 때, 황하(黃河) 강에서 용마(龍馬)가 지고 나왔다는 쉰다섯 점으로 된 그림으로 동서남북 중앙으로 일정한 수로 나뉘어 배열되어 있으며, 낙서(洛書)는 하우씨(夏禹氏)의 치수(治水) 때 낙수(洛水)에서 나온 신귀(神龜)의 등에 있었다는 글로서 홍범구주(洪範九疇)의 기원이 되었다고 한다.

용*이 진행되고, 진행 도중 음양의 교구**가 이루어진 다음에 생긴다는 것이다. 양맥과 양맥이 만나고 음맥과 음맥이 만나는 곳에서는 음양교구가 일어나지 않아 혈이 맺지 않는 것이다. 또한 양맥과 음맥이 만났다 하더라도 이를 매개하는 용이 없다면 혈을 맺을 수가 없다. 어쩜 사람이 장성하여 남녀가 결혼을 위해서는 중매쟁이가 있어야 함과 같다. 이 법칙을 연구해 보면 틀림이 없음을 알 수 있다. 이렇게 혈이 만들어짐은 신의 조화라 부르기에 충분하다.

넷째, 일반인들이 가장 신뢰하지 못하는 부분이 발음에 관한 '동기감응 사상***'이다. 즉 혈에 정확하게 조상의 유골을 매장한다면 같은 기운은 서로 감응한다는 동기감응 사상에 의해 자손들에게 나타나는 발음은 확실하다. 이를 확인하고자 한다면 각 가문의 시조 묘를 답산 하고 그 자손들을 살펴보면 쉽게 이해가 될 것이다. 물론 이러한 원리는 이미 고전지리서****에 전하고 있다.

이처럼 혈은 객관적으로 존재하고 있으나 이를 정확히 알아보기란 그리

---

*　　풍수지리에서 산맥은 변화무쌍하고 구불구불 뻗어 오기 때문에 상상의 동물인 '용'에 비유하여 용이라 부른다.

**　　음양의 교구란 음양이 서로 사귀어야 혈을 맺는다고 하는 는 풍수원리이다. 일반적으로 교구론 또는 산매법이라고도 한다. 예를 들면 양맥으로 뻗어오면 음맥을 지나서 혈이 맺히고 음맥으로 뻗어오면 양맥을 지나서 혈이 맺힌다는 원리이다. 용의 모양에 의해서도 음양을 구분하여 설명하기도 하고, 산과 물의 조화로운 만남에서 설명하기도 한다. 여기서 좁게 뻗어오는 용은 음맥으로, 넓게 퍼져서 뻗어온 용은 양맥으로 본다. 또한 산은 음이고 물은 양으로 본다.

***　　동기감응(同気感応)이란, 말 그대로 같은 기(気)는 서로 느끼고 반응을 한다는 것이다. 풍수지리학의 고전인 『청오경』에서는 '사람이 죽으면 뼈와 해골은 땅속 뿌리로 되돌아가서 길한 기운이 감응하면 사람에게 복을 준다.'고 하였고, 이는 '동쪽 산이 불을 토하면 서쪽 산에서 구름이 일어나는 것'과 같은 이치라고 설명하고 있다. 그리고 『금낭경』에서는 '장사는 생기를 받아야 한다. 오기는 땅속으로 흐른다. 사람은 부모로부터 몸을 받고, 부모의 유골이 기를 얻으면 그 자식은 음덕을 받는다.'라고 기록하고 있다.

****　　한나라 때 청오자가 지었다는 『청오경(青烏経)』과 동진시대 곽박이 지었다는 『금낭경(錦嚢経)』 및 동시대의 도간의 『착맥부(捉脉賦)』를 들 수 있다.

쉬운 일은 아니다. 따라서 예전부터 풍수지리를 정확히 알기 위해서는 '개안'*을 해야 한다고 전해지고 있다. 즉 새로운 안목을 갖추어야 한다는 것이다. 풍수지리 공부 중에 가장 어려운 부분이 아마도 이 부분이 아닌가 생각된다. 이러한 어려움 때문에 정확히 아는 사람이 드물다는 표현으로 '십인십색'이라는 말도 있다.

그러나 혈의 존재는 엄연한 사실이고, 이의 정확한 사용은 한 가정을 평온하게 하는 데 틀림이 없다!

풍수 한마디!

지사가 해야 할 일 중에서 가장 어려운 일이 무엇일까? 아마도 이는 무해무득지에 망인을 모셔드리고 그 결과 정말 자손들이 무해무득하게 자신의 성실한 노력과 그 결과를 즐기면서 우환 없는 한 세상을 살아가게 하는 것일 것이다. 그러나 땅에는 무해무득지가 없음을 알아야 한다. 망인이 편안한 자리가 아니면 반드시 어려운 자리만 있는 것이 땅이고 묏자리이다.

---

* 고전 풍수서인 『청오경』에서는 "두 눈동자가 만약 없다면, 어찌 그것을 구별할 수 있겠는가?"라고 하였고, "눈으로 자세히 살피고, 정성스럽게 마음을 모아, 능히 이를 깨달아 터득할 수 있어야 한다."고 하였다.

혈에는 근본적인
원리가 있다

풍수지리는 단순히 학식 있는 분들의 이론에 불과한 것인가? 아니면 인간에게 유익함을 주고자 하는 조물주의 작품인가? 여하튼 오랜 기간 많은 분이 연구했음은 부인할 수 없는 사실이다.

그러면 이렇듯 오랜 기간 많은 사람에 의해 연구되어 온 혈의 근본원리는 무엇인가?

그간 실증적 경험을 토대로 간단하게 살펴보고자 한다.

첫째, 혈은 우주 자연의 법칙인 『주역』과 음양오행의 원리를 품고 있다. 즉 지구에서 활동하고 존재하는 모든 동물과 식물들은 대부분 음과 양으로 이루어져 있다. 사람도 남자와 여자, 동물 또한 암·수로, 모든 생물의 탄생 역시 음양의 화합으로 탄생하며, 식물 역시 암·수에 의해 세상에 존재한다. 이러한 자연의 이치처럼 혈이 만들어지는 원리도 용의 흐름에서부터 양이면 음으로, 음이면 양으로 화합하여 형성되어 있다는 것이다.

둘째, 혈은 효와 생명존중 및 영혼불멸의 사상을 담고 있다. 지금까지는 땅속에 흐르는 생기에 조상을 모시면 이 생기가 자손들에게 전해져 삶의 부귀빈천을 결정하게 된다는 '동기감응 사상'으로만 여겨왔다. 동기감응 사상은 아주 중요한 풍수지리의 사고체계이다. 그러나 동기감응사상 이전에 먼저 조상님의 사후 안위에 대한 효의 사상과 생명존중 사상이 먼저일 것이다.

무덤 속에 오렴이 있음은 고대부터 인식했던 부분이다. 유골에 오렴이 침범하지 않는 편안한 무덤양식은 고대인들부터 오늘날까지도 고민거리이고, 이를 극복하기 위한 노력은 많은 사람에 의해 이루어졌다. 오렴이 들지 않는 묏자리 사고는 조상에 대한 사후 안위를 추구하는 자손들의 효의 사상일 것이다.

그리고 고전 풍수서인 『청오경』에서는 "인생 백 년이 되면 죽음으로 변하니, 형체를 떠나 우주로 돌아가, 정신만 입문하고, 뼈와 해골은 땅속으로 되돌아가는데, 길한 기운이 감응하면, 고인의 복이 자손에게 미치게 한다."고 하였다. 여기서 동양적 사고는 사람은 정·신·기(精·神·気)로 이루어졌다고 본다. 따라서 사람이 죽게 되면 하늘의 정기인 정신은 고향인 하늘로 돌아가고 땅의 기인 뼈는 땅으로 돌아가게 된다. 그러나 뼈에 있다는 기는 이미 죽음으로 기가 없어졌기 때문에 다시금 땅속에 있는 생기를 뼈에 불어넣고자 하는 것이다. 즉 다시금 생명을 불어넣게 되면 이는 그의 후손들에게 감응하게 되고 음덕을 받게 된다는 것이다. 이러한 사고는 죽음으로 끝이 아닌 생명의 재탄생이고, 인간영혼의 불멸을 염원한 사고라 볼 수 있으며, 후손과는 동기감응적 사고에 의해 연결되게 된다.

셋째, 혈은 인간의 삶을 바르게 인도 하고자 하는 인과의 법칙성을 갖고 있다. 즉 혈은 말 없는 자연 현상에 불과하지만, 그 결과는 인간의 삶을 대변하고 있으며 또한 인간의 바른 삶을 유도하고 있는 것이다. 이것은 이미 『청오경』과 『금낭경』에서 '동기감응 사상'으로 설명되고 있다. 이 사상은 우리에게 한세상 살아가야 하는 삶의 방향을 함축적으로 가리키고 있는 것이다. 즉 명당 혈은 탐욕 없이 서로 도와가며 살아가는 분들의 결과를 자손들을 통해서 말없이 나타내 보이고 있는 것이다. 따라서 좋은 자리에 조상님을 모시고 발음되기를 바라기 이전에 조상님의 사후안위에 대한 효성스런 삶을 먼저 이야기하고 있다고 할 것이다.

넷째, 혈은 통일적 규칙성을 갖고 있다. 즉 그 모양과 생김이 무형으로 임의로 되어 있는 것이 아니고 앞에서 이야기한 바와 같이 규칙적이고 정형화되어 있다는 것이다. 이는 풍수지리 공부 중 형세분야, 즉 외형의 모습을 공부하는 분야에서 눈을 바르게 뜨고 보면 놀라울 정도의 정확성과 조화로움으로 이루어져 있다. 한 예로 정혈은 가까이에 청룡, 백호가 없는 것같이 보여도 청용, 백호, 주작, 현무*로 이름 불리는 사신사에 의해 잘 보호되고 있음을 볼 수 있다. 또한, 사신사는 대칭과 균형을 이루고 있다. 즉 현무와 주작, 청룡과 백호, 주산과 안산, 용이 좌로 돌면 혈은 우에서 맺히고 용이 우에서 돌면 혈은 좌에서 맺히는 등 대칭과 균형을 이루고 있다. 그리고 모든 혈에는 공통으로 혈임을 증명하는 혈 증을 갖고 있다. 혈에는 사신사가 구비되어 있고, 와, 겸, 유, 돌의 네 가지 모양으로 되어 있으며, 선익

---

*   주작은 혈의 안산을 말하고 현무는 혈 뒤의 아름다운 산을 말한다. 청룡, 백호와 함께 풍수지리에서는 이를 사신사라고 부른다.

과 전순 등이 있고, 결인 속기*를 통해 이루어져 있는 등 통일적 규칙성을 가지고 있는 것이다.

다섯째, 혈은 인간만이 누릴 수 있는 존귀성을 갖고 있다. 사람은 동물과 달리 사후에 땅속에 매장하는 관행을 가진 차이점을 볼 수 있다. 이 매장문화는 그 역사를 헤아릴 수 없을 만큼 오랜 풍습이며, 그 풍습이 가지고 있는 이치가 풍수지리와 연관성을 갖고 있다고 할 수 있다. 아마도 매장문화가 없었다면 혈의 존재 역시 아무런 의미가 없었을 것이다. 따라서 혈은 인간만이 누릴 수 있는 존귀함이 있는 것이며, 동물들과 달리 조상과 후손들이 함께 살아가게 하는 근본을 제시하고 있는 것이다.

여섯째, 혈을 연구하는 학문인 풍수지리는 객관적이고 실증적인 과학성을 갖고 있다. 즉 명당 혈의 원리는 음양오행의 원리에 기초하고 있으며, 통일적인 규칙성으로 이루어져 있고, '동기감응'에 의한 정확한 결과를 확인할 수 있다는 것이다. 미신적이고 알 수 없는 추상적 개념이 아닌 현실적 실증적 개념으로 이를 연구하고 발전시켜 사람에게 유용하게 하고자 하는 학문인 것이다. 예를 들어 고대로부터 전해오는 전통풍수가 아니라 하더라도 최근에 풍수지리의 한 분야로 떠오른 수맥이나 지자기이론 및 전자파 등이 산소와 그 자손에게 영향을 준다는 연구결과는 좋은 예가 될 것이다.

---

* 　결인(結咽)은 혈장의 뒷부분에서 사람의 목처럼 잘록한 부분인데 이곳에서 氣를 묶어준다는 의미에서
　　속기(束氣)또는 속기처(束氣処)라고 한다.

풍수 한마디!

풍수지리를 공부하다 보면 많은 부분에서 혼란이 있게 된다. 그러나 틀림없는 내용 중 하나는 산천을 말로 묘사한 내용이다. 이는 틀림이 없으나 보는 사람의 시야에서 서로가 달리 보이기 때문인데 이를 극복하면 같게 보인다. 이것이 아마도 어렵다고 할 수 있다. 이기적 원리 또한 정확히 산천을 바로 본 후에 점검하여 보면 틀림이 없다.

혈은 천장지비로 존재하는가?

천장지비란 뜻은 하늘이 감추고 땅이 보호한다는 말이다. 풍수지리를 공부하면서 현장에서 혈 찾기의 어려움을 표현하는 대표적인 단어이다. 그만큼 혈이 있는 곳과 혈의 모습을 알기가 어렵다는 것이다. 그 이유는 자연적 조건에 의한 것도 있지만, 인위적인 것도 있다고 생각된다. 자연적 이유는 앞에서 혈의 존재를 설명하면서 조금은 이해가 되었을 것으로 생각되어 생략하고 여기서는 인위적인 요소를 예를 들어 이야기하고자 한다. 필자가 아는 어느 분은 조상님을 편안하고 좋은 혈에 모시고자 평생을 두고 노력하였지만 어찌 된 일인지 노력보다 결과는 그렇지 못했음을 보았다. 이유인즉슨 여러 명의 유명하다는 지사를 모시고 산소를 살펴보고 난 후 새로운 혈을 정하는 데는 지사마다 각양각색이었고, 결국에는 본인이 지사의 결론을 선택하여야 하는 점이 문제였던 것이다. 모셔온 지사 분들의 결론이 어느 정도 일치하는 부분이 있었다면 아마 잘못된 결론에는 도달하지는 않았을 것이다. 그러나 모시고 온 지사 중에는 분명 혈에 대한 진실을 잘 알고 있는 분도 있으련만 이를 판단하는 데 문제가 있었던 것이다.

'정말 어느 분의 설명을 믿어야 실수가 없는가?'이다.

지사 각각의 결정에 대해 그 선택과 결정이 정확하지 않은 분과의 인연이라면 이를 어떻게 설명하여야 하는가? 결정적으로 결론을 내리는 데 오류를 범하게 된다면 이를 두고 '땅에는 임자가 있고, 천장지비라 그러한가?' 하는 생각을 하게 하는 것이다. 그렇다! 혈은 우리 인간에게 쉽게 드러내 보이지 않고, 쉽게 주어지지 않는다는 것을 전제로 하여 '천장지비'라 표현했을 것이다. 사실 천장지비처럼 아주 잘 보존되고 감추어져 있는 것이다. 그러나 아무리 천장지비라 하더라도 산에 대한 풍수적 이해와 혈이 존재하는 원리를 터득한다면 천장지비이기 이전에 항상 우리와 가까이서 함께하고 있는 것이다. 이는 아마도 그 소중함으로 하늘이 잘 보호하고 있음을 의미하는 것일 것이며, 이의 증거를 대변이라도 하듯 오늘날 많은 난 개발에도 쉽게 훼손되지 않고 잘 보존된 것을 알 수 있다.

풍수 한마디!

풍수지리를 공부하다 보면 많은 부분에서 혼란이 있게 된다. 그러나 틀림없는 내용 중 하나는 산천을 말로 묘사한 내용이다. 이는 틀림이 없으나 보는 사람의 시야에서 서로가 달리 보이기 때문인데 이를 극복하면 같게 보인다. 이것이 아마도 어렵다고 할 수 있다. 이기적 원리 또한 정확히 산천을 바로 본 후에 점검하여 보면 틀림이 없다.

풍수지리의 근본인 '장자승 생기'

풍수지리의 근본은 땅속에 흐르는 생기를 찾아 이 생기가 뭉쳐 있는 곳에 조상님의 유해를 모시는 일이다. 그렇게 함으로써 조상님의 유골에 물이나 벌레 또는 나무뿌리 등이 들어가지 않고 편안하게 땅으로 돌아가게 하는 자손들의 정성이다. 우리가 지금까지 알고 있는 묏자리에 대해서는 형세 적으로든 이기적으로든* 많은 이론이 분분하지만, 땅속에 있는 생기에 관한 내용은『금낭경』의 첫마디인 "장자 승 생기"라는 문구 외에 이렇다 할 내용은 없다. 그리고 이 생기를 찾기 위한 노력으로 단지 형세와 이기가 일치하면 생기가 뭉쳐 있는 혈이라 판단하는 것이 일반적이다.

정말 형세적으로나 이기적으로 모든 조건이 풍수 서에서 이야기하는 것

---

* 형세론이란 산의 형상을 육안으로 살펴서 명당 혈을 찾는 방법이고, 이기론이란 주역과 음양오행의 원리를 이용하여 명당 혈을 찾아 사용하는 방법이다.

과 같이 일치한다면 그곳은 생기가 있는 혈일까? 그러나 지나친 결론인지 모르지만, 혈이 아닌 경우도 많다는 사실이다. 형세와 이기가 일치해도 혈이 아닌 이유는 과연 무엇인가?

첫째, 형세적으로만 이기적으로만 하는 식으로 분리하여 판단해서는 안 된다는 것이다. 단지 형세는 이기를 적용하기 위한 사전적 절차이다. 즉, 혈의 위치를 찾기 위해 주변을 육안으로 살펴서 혈이 결지하고 있다고 판단되는 장소를 확인하는 정도이다. 물론 아주 면밀한 검토를 통해 정확하게 혈의 위치를 찾아내는 분도 있겠지만, 이 경우는 아주 극히 일부에 해당하기 때문에 예외로 하기로 한다.

그리고 나침판만을 이용하여 이기적 이론을 적용하고자 한다면 측정위치 또는 시각적 차이에 따라 모두 다른 결론이 나올 수 있다는 사실이다. 특히 지리오결의 88향법이나 현공풍수이론을 적용해서 본다면 더없이 중구난방으로 제각각이 될 수 있기 때문에 신중을 기하여야 한다.

둘째, 이기적 이론의 적용을 위해서는 먼저 형세적 판단 없이는 몹시 어려운 일인데 형세적 판단의 불확실성 때문에 자연 이기적 적용 역시 불완전한 결론에 도달하게 된다는 것이다. 더욱이 이기론의 적용위치 역시 각양각색으로 다르다는 것이 또한 문제이다. 그러면 형세적, 이기적 적용의 정확성은 어떻게 해야 하는가 하는 문제에 부닥치게 될 것이다. 이에는 답이 없다. 즉 여기에는 답이 없으므로 산천에는 아무리 명망 있는 명 지사가 용사한 자리라 하더라도 몇 해가 지나면 자손들의 우환과 묵 묘의 길이 시작되는 것이다.

또한, 답이 없다는 또 다른 이유는 형세공부와 이기공부는 반드시 필요하고 넘어야 할 산으로 아주 중요하지만, 이 과정으로만은 혈을 정확히 판단하는 데는 미칠 수 없다. 물론 모든 지리서 공부와 산행공부로 형세나 이기적으로 탁월한 경지에 이르렀다 해도 이는 지리공부의 완성으로 볼 수 없다.

여기서 완벽을 위해서는 형세와 이기를 이해하고 생기가 흐르는 용의 맥을 정확히 찾을 수 있는 지식이 아니라 깨달음이 있어야 한다는 것이다. 이 생기가 흐르는 맥을 정확히 찾을 수 있는 깨달음이 있다면 평지에 널려 있는 혈을 쉽게 사용할 수 있고 더욱이 산에서 형세와 이기를 겸비하여 힘이 넘치는 대 혈지 역시 쉽게 찾을 수 있게 된다.

이 생기가 흐르는 용의 맥을 찾기 위해서는 무엇보다도 형세와 이기를 완전히 이해하고 깨닫고 난 후에 지기를 감지하고 분별할 수 있는 자신을 만들어야 한다. 그러기 위해서는 무엇보다도 산 안을 열어야 하고, 땅속에 흐르는 여러 가지 기운을 감지할 수 있는 자신을 만들어야 한다. 땅속에는 대략 3, 4종류의 지기가 흐른다고 생각되는데 구별이 어려운 것이 생기이다. 이처럼 어려운 공부과정을 통해 생기를 찾은 연후, 이 생기에 망인을 모시는 것이 '장자 승 생기'라는 것이고 이의 결과는 동기감응 때문에 자손들에게 연결되어 그 결과가 발음으로 나타나는 것이다.

풍수 한마디!

묏자리를 정하고 광중을 파보니 휘황찬란한 무늬가 있다면 이는 망할 땅이다. 토색이 아주 밝고 색깔이 선명하여 아름답다면 이 또한 망할 징조다. 이것이 무엇인가?
일반인들은 모두 하나같이 아름다운 혈토라고 하겠지만 걱정스러운 일이다. 물론 자갈돌과 바윗덩어리 등은 말할 것도 없다. 아주 기막히게 좋다는 이론과 기감도 이는 이길 수 없다. 혈은 이렇게 자신을 드러내고 아름답게 치장하지 않는다. 그냥 조용할 뿐이다!

혈은 우리에게
꼭 필요한가?

　　　　　'풍수지리에서 이야기하고 있는 혈은 과연 우리 인간에게 꼭 필요한 땅인가?'라는 의문으로 많은 고뇌를 하였다. 그 중에서 무엇보다도 풍수지리를 공부하지 말았을 것을 하는 후회스러운 생각과 '과연 이러한 혈이 인간에게 얼마나 필요한 것인가? 그리고 필요하다면 어느 정도로 필요한 것이며, 누구에게 필요한 것인가?'이다.

　　첫째, 풍수지리 공부에 대해 후회가 드는 것은 그리 크게 생활에 도움이 되지 않는다는 것이다. 즉 삶에 있어서 부수적 삶은 몰라도 절대적 삶의 방편으로는 부적절하다는 것이다. 일부에서는 굉장한 그 무엇인가로 생각하는 것 같지만, 본인은 그러하지를 못하니 이 길을 걸어온 것이 왜 후회스럽지 않겠는가? 풍수지리를 통해 중생구제를 부르짖지만 구제받을 사람이 그리 많지 않은 것과 이 길은 말과 글로는 다른 사람에게 모두를 전할 수가 없는 길이 있다 보니 홀로 고독한 마음은 차라리 몰랐음만 못한 것이라는 생각이 드는 것이다. 여느 한의사처럼 기감을 통해서라도 인체의 질병을 진단할수 있고 치료할 길이 있다면 그래도 이 길을 전할 방안이 있을 것이나 그렇지도 않은 그 무엇이 있다고 생각되는 것이 풍수지리이기 때문이다.

둘째, 혈은 하늘이 인간에게 내려준 복 중에 가장 소중하고 아름다운 복지의 땅이지만 이를 잘 활용할 수 있는 사람은 그리 많지 않음을 안타까워하지 않을 수 없다. 우연한 기회로 혈을 얻어서, 아니면 훌륭한 지사를 만난 인연으로 혈을 얻어서 그 발음으로 훌륭한 자손이 태어났다고 하더라도 그 자손들은 하나같이 자신의 잘남으로만 치부하여 오히려 죄업의 굴레를 만들고 있으니 과연 인간에게 명당 혈이 필요한 것인가 의심해 보지않을 수 없다.

셋째, 설령 좋은 혈을 알고 이를 정확하게 사용할 수 있는 능력이 있다고 가정하자. 이럴 때 과연 '누구에게 이를 허락할 것인가?'이다. 둘째 글의내용에서 필자가 느끼는 바로는 세 번째의 의문을 저버릴 수가 없다. 어려운 가정을 구제하기 위해서는 혈이 필요치 않음을 경험을 통해서 보아왔기 때문이다. 일반적으로 수맥이나 지자기 등으로 불리는 유해파나 각종염*이 들어가지 않는 장법으로도 한 집안의 평온이 시작됨을 여러 집 보아왔기 때문이다. 즉 유해파나 각종 염에 의한 우환만 없다면 세상에 태어나타고난 복대로 건강하게 잘 살 수 있는 것이다.

조상님과 자손 간의 동기감응에 의한 인과는 정확하기가 말로 다 형언

---

*   풍수지리에서는 묏자리가 좋지 않음을 다섯 가지로 분류하여 설명하는데, 묏자리 광중에 물이 들어
     있는 경우를 수렴, 나무뿌리가 들어간 것을 목렴, 벌레가 들어 있는 것을 충렴, 불기운이 있어서 숯과
     같이 유골이 검어진 것을 화렴, 유골이 푸석푸석하게 소골 되는 현상을 풍렴이 들었다고 하며 이를
     오렴이라 한다.

할 수 없을 만큼 정확하다고 생각하기 때문에 본인에게는 이러한 의문이 생기게 되었고 또한 새로운 답도 어느 정도 찾은 것으로 생각된다. 위와 같은 몇 가지의 사실로 혈의 소중함을 조금이라도 이해하였다면 혈이 필요로 하는 삶이 되기를 기원해 본다. 아니 우리는 모두 혈을 만날 수 있는 삶을 살아서 복된 인연과 한세상 삶이 아름답기를 진심으로 기원해 본다.

풍수지리와 한 가정
삼대의 인연

인간의 삶은 혼자만의 삶인지? 아니면 인연에
의한 공동체의 삶인지? 이에 대한 나름대로 답을 조, 자, 손 삼대를 통해서
생각해 보고자 한다. 핵가족으로 변화하기 얼마 전만 해도 대부분의 가정
에서는 할아버지 아버지 그리고 내가 함께 살아가는 조, 자, 손 삼대의 가
정 형태를 이루었다. 그런데 이러한 조, 자, 손 삼대라는 표현이 공교롭게
도 풍수지리에서 자주 등장하는 용어이며 더욱이 전통 풍수이론 중 특히
한국에서 필사본으로 전해오는 『청오경』* 부경에서는 깊이 있게 중용되
었던 이론이다. 이러한 조, 자, 손의 풍수이론이 인간의 삶에서도 유사하다
는 사실을 이야기하고 싶은 것이다. 즉 나를 중심으로 초년의 삶과, 중년의

---

*   중국 한 나라 때 청오자가 지었다는 풍수지리서로 현존 최고의 고전임. 그러나 여기서는 한국에서
      필사본으로 전해오는 풍수서를 말한다. 이 책은 『청오경』 원문과 부경으로 되어 있다.

삶과 말년의 삶이 조, 자, 손의 인연과 많은 부분에서 연관된다고 하는 것이다. 우리는 조상님의 산소감정을 통해서 또는 산행에서 이를 확인하여 본다면 오늘날 나 자신의 삶을 이해하는 데 많은 도움이 될 것으로 확신한다.

즉, 타고난 재능과 초년의 운은 증조부모님의 유택에 의한, 중년의 삶은 조부모님에 의한, 말년의 삶은 부모님에 의한 인과를 생각해보기를 바란다. 일반적인 경우를 가정해서 예를 들어본다면 증조부모님께서 돌아가신 후 태어난 나라면 조부모님 돌아가시기 전인 유년에는 증조부모님 유택의 영향을, 조부모님께서 돌아가신 후 대략 3~8년 이후부터는 조부모님 유택의 영향을 받으며, 그러다가 부모님이 돌아가신 후 3~8년 이후부터는 부모님 유택의 영향을 크게 받게 된다는 것이다.

따라서 지금 50여 세를 넘어가는 분이 이를 생각해 본다면 자신의 삶에 대한 답이 나오게 될 것이다. 좀 더 부연하여 설명하면 증조부모님의 유택이 편안하다면 총명하고 유년시절은 좋았을 것이고, 조부모님의 유택이 좋지 않다면 장년 시절은 어려움이 많았을 것이며, 그러다가 부모님의 유택이 편안하다면 말년의 삶은 다시금 안정을 찾아가고 내가 낳은 아이들은 행복하게 학창 생활을 잘할 것이다. 물론 아버지 어머니 두 분에 의한 차이가 있어 정확한 것은 아니나 일반적 큰 틀에서의 판단이다. 이 결과는 거의 예외가 없다는 경험을 하고 보니 내 삶은 곧 조상님의 삶의 결과라는 결론에 도달하게 되었다.

즉 사람의 운명은 타고난다지만 이 타고난 운명을 우환과 큰 실패 없이 행복하게 살다가 마감하는 데 중요한 변수가 조상님의 유택이라는 사실을 강조하고자 하며, 이러한 중요한 사실은 풍수지리가 갖고 있는 근본 사상에서 이미 우리에게 전하고 있는 것이다. 나와 인연이 깊은 조상님과 세상

살이에서 어떠한 관계를 가져야 하는가에 대한 답을 전해주고 있다고 생각되며, 그것은 효와 세상살이에서 사심 없는 적선적덕인 것이다.

풍수지리를 공부하는 우리로서는 이와 같은 사실을 먼저 확인하고 자각하여 주변의 가까운 분들을 도와 아름다운 한 세상을 동거할 수 있어야 진정한 풍수지리를 공부한 사람의 자격이 아닐는지? 이러한 풍수지리가 갖고 있는 깊은 사고를 깨우치기 위해서는 부단한 노력과 사심 없는 마음을 키우고 자연에 순응하는 자세를 가져야 한다는 것을 믿어 의심치 않는다.

풍수 한마디!

삼년 구산에 십년 재혈이라더니…….

좋은 산을 구하는 길은 삼년이면 가능하나 혈을 찾아 재혈하는 데는 십 년 세월이 걸린다는 이야기로 재혈의 어려움을 설명하고 있다. 많은 풍수 학인들을 만나 보았지만 혈장을 찾아 그 혈장 안에 혈이 있음을 확인하는 데는 의견통일을 확인할 수 있었다. 그러나 혈의 중심에 대해서는 일치하는 분이 없이 각양각색이다. 이것이 문제로구나 하는 생각이 든다. 바로 이 부분을 연구하여 일촌의 오차도 없이 광중크기를 알아내고 재혈함이 풍수법의 최종이다.

산소를 통해서 알 수 있는
최소한의 사실들

우리는 조상님들이 돌아가시면 장례를 치르고 제사를 받들어 모시고 추석을 전후해서 산소 벌초와 성묘로 모든 것이 끝나는 줄 알고 있는 것이 일반적인 생각이다. 그러나 아래와 같은 중요한 사실이 있다는 점을 깊이 깨우치기를 바란다.

첫째, 나와 우리 집안의 삶의 환경에 대한 답을 얻을 수 있으며 이를 좀 더 개선할 수 있는 길을 찾을 수 있다. 즉 태어나면서부터 지금과 같이 살아가는 삶에 만족을 하지 못하고 있다면 그 원인이 있음을 안다는 것이다. 이것은 '사람들이고 삼 년, 초상 치르고 삼 년, 집 짓고 삼 년'이라는 우리의 속담을 상기해볼 필요가 있다.

둘째, 조상님의 산소와 자손과의 명확한 인과를 알 수 있다. 즉 나의 삶은 조상님들의 산소의 모습과 유사하고 더욱이 그분들의 살아생전 삶의 결과라고 하는 것을 알 수 있다. '콩 심은 데 콩 나고 팥 심은 데 팥 난다.'는 우리의 속담과 같이 조상님들의 산소는 자손과 많은 인과가 있음은 부인할 수 없는 사실이다.

셋째, 우리가 세상에 태어나서 한세상을 어떻게 살아가야 하는지에 대한 삶의 방향을 알 수 있다. 즉 어떻게 사는 것이 나와 후손들이 우환 없이 행복하게 살 수 있는가를 알 수 있다는 것이다. 살아생전 삶의 인과가 묏자리라면 묏자리의 인과가 자손이라 할 수 있다. 수많은 재산을 남겨주고도 몇 년을 갈 수 없다면 과연 올바른 선택인지 생각해 볼 일이다.

그렇다, 아무리 많은 재산을 남겨준다 해도 인과를 벗어난다면 이를 유지하기 어려운 사례는 여기서 거론하지 않아도 많을 것이다.

넷째, 현재 우리가 열심히 살아가고 있는 삶의 성공 여부를 예측할 수 있다는 것이다. 즉 나의 노력이 헛되지 않고 성공을 거두기 위해서는 조상님의 산소가 많은 영향을 미친다는 것이다. 이에 대한 설명은 다음 장에서 이야기하고자 한다.

다섯째, 앞으로 우리는 어떠한 방향으로 조상님의 산소를 돌보고 보살펴야 하는지에 대한 답이 있다는 것이다. 즉 잘못된 것이 무엇인지 알 수 있고 이를 개선하여 조상님과 후손들이 모두 평안한 방법을 찾을 수 있다는 것이다. 그 외에도 많은 것을 생각할 수 있으나 최소한으로 상기와 같은 사실을 확인할 수 있다는 것을 이해하고 우리는 자손 된 도리와 우리의 삶을 되돌아보는 계기가 되어야 할 것이다.

풍수 한마디!

평지룡에서의 산소 조성 시 좋은 점!

일반적으로 산의 용맥이 확연하고 우이 굴곡되어야만 좋은 자리로 생각하는 것이 정설로 되어 있다. 그러나 간과하고 있는 부분이 평지 재혈의 장점을 잊고 있다고 생각된다. 교과서적인 자리는 아무리 큰 산이라 하더라도 서너 개의 혈을 제외한다면 살기가 많은 곳이 대부분이나 평지는 살기가 적어 가족묘지 조성자리로 적합하다.

거짓 없는
풍수지리의 이치

땅과 음양의 이치는 거짓이 없다! 눈이 하얗
게 쌓인 산속을 헤매던 때가 엊그제 같은데 벌써 한 해의 중반을 넘어 무더
운 장마의 계절이 되었다. 세월의 무상함을 다시금 느끼던 중 이삼 개월 전
의 일들이 떠오른다.

우연히 중학동창생을 만나 세상살이의 어려움을 듣고 안타까운 마음에
선뜻 산소 일을 저질렀다. 이런 일을 저지르고 나면 모든 결과가 객관적으
로 나타나기까지는 홀로 고독한 고민을 해야 하는데 아마도 그러한 고민
이 두려웠는지 모른다. 틈틈이 삼자를 통해 가정이 많이 호전되어 간다는
이야기를 듣기는 했지만 '아! 이제는 됐구나!' 하는 정도의 결과가 없었기
에 마음을 많이 졸였던 것이 사실이다. 언제나 그러했듯이 좋은 결과를 확
신하면서도 그 결과가 눈앞에 나타나기까지는 얼마나 마음을 졸이는지 모

른다.

 그런저런 생각 중 우연히 동창생이 근무하고 있는 기관의 홈페이지를 검색하던 중 오늘에서야 '아! 이제는 됐구나!' 하는 결과를 발견하고 나니 마음이 조용히 가라앉는다. 이렇듯 산소 일을 추진한다는 것이 얼마나 힘들고 두려운 일인지 모른다. 내가 아니라도 얼마든지 세상 사람들은 자기 일을 자기 생각대로 잘 풀어 가는데 내가 나선 것이 후회 아닌 후회도 되었다. 그러나 어쨌든 다행스럽다. 아이들이 건강을 되찾고 있고, 고질병 같았던 모친의 불면증이 사라져 편히 잠을 잘 자고, 본인 역시 난치성 같은 질환이 호전되면서 소장 자리로 승진하여 간다 하니 이만하면 잘되었다 싶다.

 올해는 두 집안에 대해 산소 일을 봐 주었는데 두 집 모두 행복을 찾아가고 있어 참 다행이다. 그러면서도 새삼 땅의 이치에 놀라고 음양의 이치에 다시금 놀라고 풍수지리의 진실에 다시 한번 더 놀랍다는 생각이 든다. 결과는 항상 오래지 않아 당일에서 이삼 개월 안에 나타나는 이 신비함! 정말 경이롭기까지 하다. 지금까지 많은 집은 아니지만, 산소 일을 봐 준 집들에서 예외가 없었으니 이것이 땅의 이치인지? 땅의 힘인지? 풍수지리의 이치인지 모르겠다.

 그러나 이러한 결과들은 꼭 정혈이 아니라 하더라도 살기를 피하여 정확히 안장만 하면 나타나는 기본적 상황임을 알리고 싶다. 이러한 집안들을 대할 때면 땅이라도 좀 여유가 있어서 작은 혈이나마 정혈에 한 분만이라도 안장해 드렸다면 하는 아쉬움이 남는다. 대부분 어려운 가정들은 혈을 품고 있는 산을 가진 집안은 그리 많지가 않다. 지리공부를 하시는 분들은 이럴 때 용사방안을 공부해야 할 것이다. 지리서와 일반적 풍수지리공부는 혈 공부이기 때문이다. 혈은 백에 하나인데 나머지 99%는 어떻게 해야 자손들이 평온할까를 연구해야 한다. 여기서는 지리서에서 이야기하고 있는 '정혈이 아니라도 어느 정도의 산세에 법수만 잘 적용하면 해가 없다'는 이론은 나의 경험으로 미루어 볼 때 낭설로 치부하고 싶다. 생기, 즉 지기를 알아야 한다. 이 생기인 지기는 꼭 풍수지리에서 이야기하는 정혈처에만 있는 것은 아니다. 풍수지리는 말도 글도 아니며 시간의 장구함은 더더욱 아니다. 지기에 의한 결과로 후손들을 통해서 이야기할 뿐이다!

풍수 한마디!

풍수지리는 눈으로 확인할 수 있는 실증적 학문으로 결론 역시 실증적이어야 한다. 일부 용사 결과를 보면 망한 집안에 대해서는 수맥부터 시작하여 상산하수, 공망, 복음, 비혈지, 냉혈지*하면서 단칼에 무를 베듯 이야기를 잘한다. 그러나 새로운 이장지에 대해서는 단칼 같은 이야기와 좋은 일이 없는가? 이것이 궁금하다.

---

* 수맥파에 걸렸다, 상산하수에 걸렸다, 비혈지다, 냉혈지다, 하는 단어는 모두 정혈이 아닌 경우와 풍수지리의 사용 방법에서 틀렸다고 하는 단어들로 이러한 경우 묏자리를 잘못 모셔서 관중에 물이 차 있다든지 아니면 집안에 많은 우환이 발생한다고 한다. 그러나 필자의 글에서 주장한 바와 같이 좀 더 검토되어야 할 내용이다.

산소감정에서
동기감응을 알 수 있다

정확한 산소 감정을 통해서 우리는 쉽게 그 집안의 생활환경을 파악할 수 있다. 파악할 수 있는 근거는 무엇보다도 같은 기운끼리 서로 감응한다고 하는 '동기감응'이라는 풍수지리의 핵심사상에서 비롯된다.

그러면 동기감응은 어떻게 전달된다고 보는가? 그간의 경험을 통해서 살펴보면 첫째, 동기감응은 직계 자손에게 확실하게 나타난다. 즉 나를 낳아준 부모, 조부모, 증조부모 등에서 확인할 수 있다. 이때 양자에 의한 자손은 직계 자손보다는 정확하지는 않지만, 어느 정도 영향을 받는다고 보이나 이를 객관화하기는 어려웠다. 이 부분에 대해서 고전 풍수서인 『금낭경』에서는 좋은 내용으로 동기감응을 설명하고 있으니 참고하기 바란다.

둘째, 남녀의 구별이 어느 정도 주어진다는 것이다. 즉 어머니 · 할머니는 아들보다도 딸에게, 아버지·할아버지는 아들에게 좀 더 영향을 미치는 경향이 있다. 이러한 경우 조부님은 좋은 자리에 있고 조모님의 산소가 좋지 않으면 남자 자손보다도 딸 자손들에게서 우환이 더 많음을 볼 수 있었다. 이는 풍수지리의 근본 사상인 동기감응 사상의 영향이라 생각된다.

셋째, 음양오행에 의한 동기감응이다. 산소에서의 오행은 자손 중에도 산소와 같은 오행을 위주로 더욱더 확연히 동기감응 현상이 나타난다. 즉 오행 중 금 좌향의 산소라면 금의 성질을 타고난 자손에게서 우환이 많음을 볼 수 있다.

넷째, 동기감응이 시작되는 경우는 묏자리의 명당기운의 강약, 즉 자리의 등급에 따라 차이가 있지만, 『주역』에 의한 선후천수에 따라 나타난다. 예를 들어 산소를 좋지 못한 곳에 모셨을 때 나타나는 우환은 자좌나 임좌*는 1년이나 6년 전후에, 갑좌나 묘좌**는 3년이나 8년 전후에 주로 시작된다는 것이다.

실례를 들어보면 나를 중심으로 증조부모님께서 좋지 않은 자리에 있고 조부모님 산소가 좋은 곳에 모셨다면 부모님은 조부모님 돌아가신 후부터 서서히 발전하게 되어 행복하게 살아왔으며 자손들도 잘 키웠을 것이다. 그러던 중 아버지와 어머니가 돌아가셨는데 좋지 않은 자리에 모셔졌다면 잘 키워 잘 살던 자손들에게 어려움이 시작됨을 볼 수 있다. 예를 들면 좋은 직장을 그만둔다든지 아니면 송사나 우환이 시작된다든지 또는 신체에 고질적 질병이 발생하게 되는 것 등이다. 그러나 작은아버지·작은어머니

---

* 임좌와 자좌는 유골의 머리는 북쪽이고 다리는 남쪽을 향한 좌향이다.
** 이는 묏자리의 방향이 주로 서향인 곳을 말한다. 참고로 묏자리의 좌향에서 좌는 머리 부분 향은 다리 부분으로 이해하면 될 것이다.

는 편안한 자리에 모셔졌다면 조부모님의 좋은 영향을 지속해서 받아 사촌 형제들은 잘살아가게 됨을 볼 수 있다. 이것이 사실이라면 무섭지 않은가? 그런데 이는 수많은 경험에서 확인된 부인할 수 없는 사실이다. 물론 타고난 운명 같은 것은 있다. 즉 농업에 종사하던 사람이 하루아침에 의사가 될 수는 없는 것처럼. 하지만 뜻하지 않은 우환과 실패, 불치의 병에 의한 고통 등은 풍수지리와 관계가 깊다고 본다. 이것이 자연의 이치라고 생각되며 이제야 세상 살아가는 어려움을 이해할 것 같다.

풍수 한마디!

풍수지리원리를 터득하는 데는 뭐니 뭐니 해도 혈증을 잘 알아야 한다. 그런데 혈증은 모르는 사람도 없고, 아는 사람도 없다. 자연 혈 역시 모르는 사람이 없고, 아는 사람도 없다.
무조건 제 눈에 안경이다. 이것이 풍수지리의 어려움이다!

땅의 진실과 조, 자, 손
삼대의 행복한 삶

예로부터 땅은 거짓이 없다고 한다. 뿌린 대로 거둔다는 이야기는 누구보다도 농작물을 가꿔본 사람이라면 대부분 경험했을 것으로 생각된다. 풍수지리 또한 땅을 떠나서 존재할 수 없다면 이 또한 뿌린 대로 거둘 수 있다는 이야기가 될 것이다. 간단하게 조상님의 유택은 흙이니 흙이 좋은 곳에서 정성을 다한다면 어쨌든 좋은 결과를 볼 것이며, 좋지도 않으면서 정성도 들이지 않는다면 좋지 않은 결과를 확인할 수 있다는 이야기도 될 것이다.

이와 같은 추론은 '땅은 거짓 없이 뿌린 대로 거둔다.'는 명제에서 유추해 볼 수 있다. 그렇다! 명당인 묏자리는 땅이 품고 있는 진리, 즉 우리 인간이 어떻게 뿌리고 가꾸느냐에 대해 말없이 응답만 한다는 사실이다. 필자는 말없이 응답만 한다는 이 진리를 두려워한다.

인간사 일들에서는 사전에 협의하고 조정하고 유능한 분의 자문 등을 통해 오류를 최소화할 수 있으며, 더욱이 사후에도 이를 쉽게 조정할 수 있지만, 땅에서는 이러한 과정을 실행하기가 너무도 어렵기 때문이다. 즉 말 없는 땅의 응답을 통해서만 알 수 있다는 것이다.

그 이유는 첫째, 인간사에서 일어나는 일들이 잘못되면 그 원인을 찾아 수정할 수 있으나 산소 일은 한번 추진한 후에는 모든 결과가 객관적으로 잘잘못이 드러나지 않기 때문에 잘못된 것을 쉽게 찾아 수정을 할 수 없다는 것이다. 즉 '무엇이 잘못되었나?' 하는 객관적 사실을 확인하기가 시간적으로나 공간적으로 어렵다는 것이다. 유능하다는 지사를 모시고 자문을 받아보면 백인백색으로 모두가 다르기 때문에 모시지 아니한 만 못한 괴로움을 겪게 되고, 설령 모셨다 해도 지사가 이현령비현령 식으로 합리화하면 그만인 것이다.

둘째, 정말 잘못된 부분에 대해 정말로 지사가 잘못했다는 객관적 증거를 찾기가 쉽지 않다는 것이다. 이 부분이 수많은 풍수 지리서를 낳게 한 원인일 것이다. 예를 들어 예전에 행세하던 집안에서는 많은 지사를 불러들여 좋은 장소에 조상님의 유택을 정하고자 심혈을 기울였던 것으로 전해지고 있다. 이러한 이야기 중 일부 지사는 호구지책을 위해 아니면 자신의 위상을 과시하기라도 하듯 열심히 노력하는 집안들과 손을 잡았다고 전해진다. 그러다가 추진해준 일련의 일들에서 결과가 좋지 않을 때 호된 질책을 두려워한 나머지 갖가지 변명을 만들어 이를 모면하려 하지 않았나 생각된다. 즉 객관화할 수 없는 이러한 변명들이 전해지면서 검증되지 않은 다양한 풍수이론으로 존재하고 있지 않나 하는 생각이 든다.

셋째, 좋은 밭에 작물을 심는 사람의 마음은 작물이 잘 자라주기를 바라면서 정성을 기울이나 조상님 산소문제는 조상님보다는 자손들 자신의 욕심만을 생각하는 경우가 많았음을 볼 때 땅의 이치와는 맞지 않는 것 같다. 조금의 어려움을 감내하기보다는 나만의 편리함을 우선하여 스스로 회피하고 있는 것이다. 요즘은 차가 닿는 곳이 명당이란 말이 있다.

이상과 같이 간단하게나마 살펴본 어려움이 있는 곳이 땅, 즉 묏자리이지만, 이 어려움을 조상님을 먼저 생각하는 슬기로움으로 극복하고 응답을 받았다고 생각되는 가정을 볼 때, 정말 그 자손들의 정성을 생각해 보지 않을 수 없었다. 즉 땅은 거짓이 없고, 망인의 적선적덕이 헛되지 않음을 볼 수 있었으며, 그 자손들의 조상님에 대한 효행의 결과 또한 결코 헛되지 않음을 확인할 수 있었다. 이러한 면에서 필자는 조, 자, 손 삼대의 행복한 삶은 땅속에 있다고 생각한다. 그렇다! 조, 자, 손 삼대의 행복한 삶은 거짓 없는 땅이 우리에게 가르쳐 주고 있으나 편리함의 추구와 바쁘다는 핑계로 우리는 이를 알아보지 못하고 있는 것이다. 우리는 이러한 아름다운 땅의 이치를 벗 삼아 세상에 태어나 함께하는 조, 자, 손 삼대의 돈독한 사랑을 이웃과 함께 공유하면서 좋은 일만 있기를 바랄 뿐이다.

풍수 한마디!

풍수지리를 공부하는 하는 방법 중 가장 효율적인 공부 방법은 아마도 동양 학문의 특성처럼 깨우침이 따라야 한다.
예를 들어 "'○○풍수서' 또는 '○○이론'은 하나도 안 맞는 책이다."라는 소문이 있어도 이 책이 왜 안 맞는지 깨우치면 곧! 풍수지리를 알게 된다는 뜻이다.

편안한 자리에서 영면하는 복은?

편안한 혈에 들어갈 수 있는 조건이 있다면 무엇일까? 아니 조건은 있는 것인가? 이 글은 본인만의 생각과 결론으로 앞으로도 많은 분의 연구결과를 기대하면서 적어본다. 필자는 위 제목에 대한 답을 해결하기 위해 많은 시간과 노력을 기울여 왔다. '과연 망인에게 편안한 자리, 즉 풍수지리에서 말하는 혈은 아니라 하더라도 최소한 염이 들지 않는 편안한 자리에 모셔지면 그 자손들은 편안하고 화목한 삶을 살아가고 있는 것인가? 또한, 편안한 자리는 어떤 과정을 통해서 들어가게 되는가?'이다.

먼저 망인이 편안한 자리에 모셔진 가정의 경우 대부분 별다른 우환 없이 평화스럽게 살아가고 있음을 확인했다. 큰 부귀영화는 아니라 하더라도 자손들을 키우는 데 남의 도움 없이 키울 수 있는 이상으로 이해한다면 좋을 것 같다. 또한, 자손들 간에는 큰 다툼 없이 우애 있는 집안임도 확인했다. 아마 모든 사람이 말하기를 타인의 도움을 받지 않고 이 정도로 살면 되지 않겠나 하는 정도로 말이다.

다음은 망인은 어떻게 해서 편안한 자리에 들어갈 수 있느냐가 문제이다. 이 의문에 대한 답을 찾기 역시 어려웠다. 유명하다고 하는 많은 분이 참여한다는 인터넷 홈페이지를 비롯하여 다방면으로 많은 질문을 통해 좋은 고견을 듣고자 하였으나 이렇다 할 답변을 듣지 못했음을 먼저 이야기하고 싶다. 필자가 생각하기에 충분한 시간과 자료에는 미치지 못하지만 2, 3년간 매달려 찾아보고 내린 결론은 망인의 복인 것으로 생각된다.

그 이유는 첫째, 꽤 세상에 잘 알려진 지사님들이 스스로 선택하여 사후에 들어간 자신들의 묏자리부터 편안한 자리가 드물다는 것은 지사님들에 의해 편안한 자리에 들어갈 수 없다는 증거인 것이다. 아마도 유명지사라는 분이 사후에 유명한 혈에 안장되었다는 사실을 인정하는 분은 그리 많지 않기 때문이다.

둘째, 돈과 권력으로도 편안한 자리에 들어갈 수 없다는 것이다. 즉 돈과 권력이 많았던 분들은 꽤 유명한 지사를 물색하여 보기 좋게 묏자리를 정하기는 그리 어렵지 않았을 것이다. 그러나 부와 귀를 누렸던 분들이 지금 영면하고 있는 모든 자리가 편안한 자리라고 그 누구도 이야기하지 않는다. 이 부분은 아마도 인터넷에서 쉽게 찾아볼 수 있다.

셋째, 고려는 그만두고라도 조선 시대에는 국가에서 국풍이라는 지사를 과거제도*를 통해 선발하여 산소 일을 하게 하였으나 이 역시 각양각색으

---

* 조선조 『경국대전』에서 전하는 잡과 과거시험 중 풍수지리 시험과목은 『청오경』, 『금낭경』, 『감룡경』, 『의룡경』, 『호순신』, 『명산론』, 『동림조담』, 『지리문정』, 『착맥부』 9종이 기록되어 있다.

로 정답이 없다. 왕족들의 묏자리가 모두 명당이고 혈이라는 지사는 없다. 더욱이 대부분 현재의 감정 결과는 좋지 않은 확률이 훨씬 높다는 것은 무엇을 말하는가? 생각해볼 일이다.

넷째, 지금까지 우리는 집성촌이나 촌락 마을단위로 발전되어 왔으며 이 마을 단위에는 어김없이 지사 일을 하는 분이 한 분씩은 있기 마련이다. 그러나 그 마을을 살펴보면 지사 한 분의 작품이 대부분인데 살아가는 형태는 너무도 집집마다 각양각색으로 다르지 않은가? 그것도 우환이 많은 것은 안타까운 일이 아닐 수 없다.

그러나 편안한 자리에서 영면하시는 분들을 확인해 보면 평소 살아가면서 따뜻하고 햇볕이 잘 드는 이곳에 묻히겠다고 본인 스스로 결정하였다는 것이다. 그리고 돌아가신 후 장례 때 그냥 좌향이나 봐 달라고* 유언 아닌 유언을 하신 분 중에 오히려 편안한 자리에 영면하시는 분들이 많다는 것이다. 이는 무엇을 말하는가? 단적으로 설명할 수 있는 내용은 아니나 지사의 작품이라기보다는 망인 스스로 유택을 결정한 곳이 복된 자리였다는 것은 오늘날 풍수지리를 공부하시는 분들은 깊이 있게 생각해볼 문제라 생각된다.

결론적으로 복된 자리의 만남은 망인의 한세상 살아온 인과라 해도 과언이 아니다. 따라서 우리는 이분들의 삶을 연구하여 내 삶의 지표로 삼아 살아간다면 훌륭하다는 지사를 찾는 어려움보다 훨씬 쉽고 보람된 일이라 생각된다.

그럼 이분들은 어떠한 삶을 살았는가? 생각해보자! 필자가 들어본 이야

---

* 　산소를 조성할 때 최종으로 망인을 안장하는 자리에서 방향을 정하는 작업이다.

기의 많은 부분이 편안한 자리로 들어가신 분에 대해서는 사회적 지위를 떠나 그분의 돌아가심에 대해 아쉬워하는 이야기기가 많았고 또한 그분들은 내가 아닌 남을 위해 선행했다는 이야기와 마음 씀씀이가 후덕하였으며 부모님에게 효도했다는 것이 주된 삶이었다고 대변하고 있었다.

　지금의 우리는 어떠한가? 권력과 부와 명예라는 것에 목메어 살고 있지 않은가? 이는 곧 풍수지리에서 말하는 가장 좋지 않은 자리에서 영면하는 지름길이다. 풍수지리 공부는 자신의 가정을 돌보는 데 쓸모가 있을 것이고, 어려운 중생을 구제하는 일 외에 다른 곳에는 쓸모가 있겠는가? 더욱이 지사의 말로와 그 가정이 불행하다는 것은 어제오늘의 이야기가 아닌데……. 이는 아마도 나만은 아닐 거라는 생각! 이것이 잘못인 것 같다.

풍수 한마디!

승복을 입었다고 모두가 도를 얻은 큰 스님은 아니다. 성경을 들었다고 하여 모두가 유능한 성직자는 아니다. 나경을 들고 묏자리를 돌아다닌다고 모두가 유능한 지사는 아니다. 승복과 성경과 나경은 단지 도구에 불과할 뿐이다! 풍수는 마음이다. 심안을 열고 진실해야 진실로 풍수를 연구한 분일 것이다.

명당의 가치는
얼마나 될까?

명당에 대해 값을 추산한다는 것 차체가 우문에 불과하지만 한 번쯤은 생각하고 싶은 부분이다. 일반적으로 풍수지사들 간에는 조그마한 명당자리라면 아무리 발음이 안 되어도 삼 대는 이어진다고 한다. 정말 삼대가 이어지는 발음이 있는지 의문은 있지만, 일반적인 이야기가 결코 무의미한 이야기는 아닐 것으로 생각된다. 필자도 삼대를 생각해본 경험이 있다. 구체적이지는 않지만 삼대는 가는 것으로 여겨진다. 이럴 경우 기본적인 요소를 통해 가치를 환산해 보고자 한다.

예를 들어 당대에 자식을 두 명 두었다고 하면 이들 내외 4명, 또 손자가 두 명 식이라면 4명으로 내외간은 8명 총 14명이고, 부양자로 보면 7명이 될 것이다. 그럼 기본적으로 이들이 30살부터 60세까지 30년간 3대를 계산해보자 평생 한 달 평균 총수입 300~500에서 최저인 300만 원을 번다고 가정하여 계산해본다면 7명×월 300만 원×360개월은 75억 6천만 원이다. 이 중 혈에 모신 집의 효과와 비혈지에 모신 집의 효과는 총수입 면에서 별반 차이가 없을 것이다.

이유는 이 정도는 중산층으로 돈을 버는 면에서 보면 동일하기 때문이다. 그러나 살아가다 보면 편안한 혈에 조상님을 모신 집안과 그렇지 못한 집안과는 시간이 흐르면서 현격한 차이를 나타나게 될 것이다. 즉 혈에 모신 집은 다른 집안보다 우환과 파산이 없어 이 수익금을 사용하고도 저축 등을 통해 재산이 늘어가는 현상이 나타나고 그렇지 못한 가정은 각종 우환과 파산으로 거꾸로 빚 등을 갚는다고 한평생을 고생하게 된다.

자, 그러면 여기서 명당의 효과는 어느 정도나 될까? 아마도 여기까지만 읽어보아도 무엇을 이야기하고자 하는지 알 수 있을 것이다. 그러면 이러한 간단하고 아주 단순한 논리만 보더라도 놀라울 정도인데 이것 이외에도 주어지는 각종 혜택을 생각한다면 그것도 혈자리가 아주 좋은 대지였다고 한다면 어떠하겠는가?

여기서 우리는 일부 지사들의 행태를 생각해보고 싶다. 진실로 이러한 효과를 만들 줄 아는 지사라면 단돈 몇 푼과 내가 최고임을 자랑하고 싶겠는가? 많은 돈과 재물을 한평생 고생해서 모으고 쌓은 사람이 이 세상에서 내가 최고라는 것을 자랑하는 분을 아직껏 보지 못했는데 어찌 지사에게는 자기가 최고라고 자랑하는 지사가 부지기수이고 더욱이 이러한 결과를 자랑하면서도 자신의 가정은 그렇게 하지 못하는지 의문이다.

더 궁금한 것은 예를 들어 75억 6천만 원 중 생활비로 지출하고 10억 원이 남았다고 가정하면 이 명당의 수익은 10억 원일 것이다. 그럼 생활비를 제외하고 10억 원의 수익을 남기게 하는 사업을 수행할 수 있게 도움을 주었다면 아마도 10억 원의 수익을 낸 분은 그냥 있겠는가? 아마도 세상에서는 적어도 영업이익 중 20~30%는 사례비로 제공할 것이다.

하물며 최소한이 이럴진대 진 혈 명당 운운하며 가치로 환산할 수 없는 막중 은혜를 베푼다는 지사가 단돈 몇 십만 원부터 시작하여 갖은 구차한 설명과 잘남을 자랑함이 과연 옳은 것인가? 그것도 내가 잘 안다고 갖은 홍보를 하면서까지 설왕설래가 과연 필요한가? 더욱이 유능한 지사가 자신의 가정을 잘 가꾸고 행복한 삶을 살고 있다면 과연 작금의 행태들, 즉 위와 같은 일들을 벌이고 있을지 생각해볼 일이다.

또한, 일반인 중에 간혹 좋은 결과가 있음을 알고 진실하지 못하고 눈치나 보면서 혜택을 보려고 한다면 지사는 이때 어떻게 행동하는 것이 현명한 처신일까? 정말 현재 많은 지사 분들은 과연 어떻게 행동하는지 궁금하고, 더욱이 인터넷을 통해 또한 주변이야기를 통해 알려졌던 일부 지사 분들의 행태는 많은 부분에서 가식적 행동이 아닌가? 반문해 보고 싶다. 이러한 일들이 사실이 아니길 바랄 뿐이다.

풍수 한마디!

풍수지리의 진리는 음양의 조화이다. 하늘의 정기가 땅에서 이루어진 것이다. 즉 양이 동하여 정의 음과 만나 만물을 창조하는 것이다. 이러한 내용은 오랜 역사에서 음양설로 내려왔지만, 설이 아니고 실제 자연현상이다. 양과 음이 잘 배합된 곳이 혈이고 이곳에서 새로운 생명이 탄생하는 것이다. 우리가 살아가는 삶도 양과 음이 잘 배합되어야 하는 일마다 잘 이루어진다고 할 수 있다. 이 이치를 풍수지리에서 터득하고 실천하는 길은 참으로 아름다운 일이다.

쉽지않은
풍수지리공부

혈을 정확하게 확인하여 사용하기란 쉽지 않다. 대부분 풍수서를 기초로 하지 않고서는 불가능하다. 고명한 스승의 도움이나 아니면 홀로라도 답산을 통해서 산을 볼 수 있는 안목이 생기지 않으면 더욱더 어렵다고 할 수 있다. 풍수공부가 단순히 책만을 통해서 알 수 없는 자연환경에 대한 풍수적 안목이 겸비되어야 하기 때문이다.

이러한 어려움을 예를 들어 생각해보고자 한다.

최고의 대학교에 입학하려는 학생의 경우를 생각해보자. 수험생은 시험을 잘 치르기 위해서는 어떻게 하여야 하는가? 수험생은 기본 교재를 충분히 공부한 후 이해력의 증진 및 응용능력을 배가시키기 위해 많은 노력을 기울일 것이다. 그러한 연후에야 능력을 발휘하여 합격할 수 있을 것이다.

단지 기본적 기초지식만 충분히 익혀서는 어려운 시험문제를 풀 수 없을 것이다. 풍수지리 공부 역시 많은 기본적 지리서와 답산을 통하여 기초 지식과 응용능력을 키워야 알 수가 있다. 알다가도 모를 한문지리서를 달달 외우고 해석하는 것은 공부과정에서는 중요하다. 또한, 달달 외우지 않고 이해를 하는 것도 참으로 중요하다. 그러나 시험을 잘 치르기 위해서 책만 달달 외우고 이해하는 정도로는 합격 점수를 얻을 수가 없는 것과 같이 풍수 공부 역시 수많은 지리서를 달달 외우고 이해하였다고 하여 다 아는 것은 아니다. 산의 모양이 지리서의 산도 그림과 일치하는 것이 과연 몇이 있는가?

풍수지리를 알기 위해서는 지리서와 산을 같이 공부하면서 하나하나 확인하고 꼼꼼히 살펴서 왜 그렇게 되어야 하는가 하는 이치를 스스로 깨달아야 한다. 즉 산맥은 '왜 태교법, 유포유장법, 결인속기, 태, 식, 잉, 육* 등으로 이루어져 있는가?', '왜 혈판은 와, 겸, 유, 돌로 되어 있는가?', '왜 물과 산은 서로가 역**으로 되면서도 서로 도와주면서 진행하는가?', '청룡 백호는 주산***에 없는데 어떻게 해서 사신사는 이루어지는가?', '하나의 혈에는 왜 세 개의 파구****가 존재하는가?', '일반적 풍수 이론에서처럼 정확한 와, 겸, 유, 돌상에 입수 도두*****를 통해 들어오는 용맥을 찾아 최종 분금******까

---

*   태교법, 유포유장, 태식잉육법 등은 풍수지리에서 용 즉 산맥의 모양과 흐름을 이기적, 형기적 관점에서 분석하는 방법으로 태교법은 용맥은 음양교구가 이루어져야 혈이 맺는다는 원리이고, 유포유장은 완전한 혈이 되기 위해서는 寅申巳亥의 포와 辰戌丑未의 장의 맥이 있은 후에 혈을 맺어야 한다는 이론이다. 태식잉육은 일반적으로 부모산에서 출맥이 시작되어 속기되기 바로 전의 가늘어지기 시작하는 부문을 태라하고, 태 아래에서 완전히 가늘어져 잘록한 부분을 식이라 하고, 다시 잘록하게 묶인 데서 풀리듯 굵어지며 두둑하게 봉우리를 이룬 곳을 잉이라 하며 혈자리를 육이라고 부른다.

**   산맥과 물의 방향이 서로 반대로 되어 있는 것을 말한다.

***   일반적으로 현무 봉을 말한다.

****   파구는 혈 앞을 지나간 물이 빠져나가 보이지 않기 시작하는 곳을 말한다. 이의 반대가 득수 처이다.

*****   여기서는 잉 부분에서 혈로 들오는 맥을 말한다.

****** 망인을 안장할 시 최종에 사용하는 나침판의 기준선을 말한다.

지 정확히 판단하여 용사하였는데 발음은 없고 왜 흉사만 일어나는가?',
등과 여기에 시운이 또한 어떻고…….

풍수지리서는 지금 시중에 나와 있는 교재로 충분하고 현재 알려진 구묘를 답산하는 것으로도 충분하다. 단지 공부하면서 많은 분이 간과하고 있는 것은 다름 아닌 풍수지리를 공부하면서 어느 지리서에 맞추려고 하는 데서 크나큰 오류와 문제가 발생하게 되는 것이다. 즉 한 종류의 지리서 내용 속에 풍수지리에 대한 모든 내용을 포함하고 설명하고 있는 것은 없다. 더욱이 자칫 잘못하면 이러한 크나큰 실수를 범할 수 있는, 즉 오해될 수 있는 대표적인 이론이 지리오결과 현공이론과 천산, 투지*를 이용한 맥입수 적용이론이다.

지리오결은 물이 빠져나가는 파구를 기준으로 모든 문제를 풀어가려고 하고 있지만 세 개의 파구 중 어느 파구라는 기준이 없다. 물론 일반적으로 혈에서 가장 가까이에 있는 파구를 기준으로 한다지만 이렇게 되어 있지 않은 혈도 많이 있음을 간과하고 있으며, 좌향은 24좌인데 왜 쌍산 오행**으로 되어 있는지, 파구는 팔층으로 적용하는데 왜 좌향은 사층을 기준으로 해야 한다는 이론과 팔층으로 해야 한다는 이론으로 양분되는지 등 구체적인 기준이 없기에 중구난방으로 적용되고 있는 것이다. 이를 객관화하여도 정확한 것이 아닌데 이렇게 혼란스러운 것이 현재의 풍수 이론들이다.

현공이론은 구성의 틀 속에 맞추기 급급하여 자칫 오류를 일으킬 수 있다는 점과 시간과 공간의 개념이 공간인 지상에서는 이를 생각해볼 수 있

---

*   천산과 투지는 나침판을 활용하여 주산에서 혈로 들어오는 맥을 찾는 이론으로, 천산은 72룡, 투지는 60룡을 사용한다.

**   쌍산 오행(双山五行) 24방위를 천간과 지지를 묶어 12궁위를 만든 것을 쌍산이라 하며 여기에 오행을 분류하여 사용한다.

으나 땅속에도 시간과 공간의 개념이 적용되는지 의문이 있으며 더욱이 하패의 적용은 그렇다 하더라도 체패의 적용에는 정확성에 대해서 정말 답이 없다고 생각할 수밖에 없다. 그리고 투지 패를 이용한 재혈은 인위적인 패철사용이라는 점에서 조심하여야 한다는 것이다. 혈을 재혈하고 천광하는 것은 인위가 아니기 때문이다. 그러나 이러한 이론들은 기본을 완전히 익힌 후에 정말 풍수를 알고 난 후에 다시 한번 정독한다면 좋은 내용이 많음을 이해하게 될 것이다.

지리서는 가장 기본적이고 정형화된 이론이라도 실제의 산천과는 사뭇 다르다. 실제 최고 대학의 시험문제는 기본교과서 문제를 그대로 인용하여 출제되지 않듯이 명당 혈 역시 지리서와 똑같이 동일하지 않음을 이해하여야 한다. 그리고 어느 지리서든지 저자는 자신의 지식을 십분의 일도 다 표현하지 못한다고 한다. 그러므로 나머지 구는 스스로 연구를 거듭하여 깨우쳐야 한다.

그리고 공부를 하면서 형세론과 이기론을 구별하여서는 안 된다. 첫째는 형세론이 중요하지만, 결국에서는 구별이 없다. 지리를 공부하여 정혈을 찾아 사용하는 일은 참으로 어렵고도 난해한 학문이지만 알고 보면 아주 자연스럽고 아름답다. 정혈 대지 위에 올라서서 산천을 바라보라! 얼마나 아름다운 신의 조화인가! 우리나라가 왜 금수강산으로 불리어 왔는지? 중국의 두사충* 선생이 고향으로 돌아가고 싶지 않은 이유 역시 아마도 아

---

*   두사충(杜思忠)(출생~사망?): 조선 중기에 귀화한 무장. 임진왜란 때 원군으로 난을 평정하는 데 공을 세웠다. 본관 두릉(杜陵). 호 연재(蓮齊). 명나라 기주자사(冀州刺史) 교림(喬林)의 아들. 본국에서 상서(尚書) 벼슬을 지내다가 1592년(선조 25) 임진왜란 때 원군(援軍)으로서 명장(明將) 이여송(李如松) 및 그 사위 진인(陳隣)과 함께 왜병을 격퇴하여 난을 평정하는 데 공을 세웠다. 장차 명나라가 망할 것을 알아차리고 조선에 귀화하여 대구(大邱)에 정착해 영주하였다. 후손들이 그를 시조로 하고 그의 본향(本鄕)인 두릉을 본관으로 하여 대(代)를 이었다.

름다운 우리나라 금수강산을 보았기 때문이 아닐는지? 물론 정치적인 이유도 있겠지만……

또한 우리는 이 강산이 잘 보존되어야 함을 알 수 있을 것이다. 작금의 황금만능주의와 편의주의로 아름다운 이 강토가 얼마나 병들어 가고 있으며 우리를 복되게 낳아주고 길러준 조상님들이 얼마나 많은 고통 속에서 지내고 있는지 생각해 보라. 우리는 60평생 중 20여 년을 위해 최소 몇 억짜리 호화주택에서 살지만 조상님들의 유택은 수백 년을 지내셔야 하는데 단돈 몇 만 원, 아니 몇 십만 원을 들여 깨끗하게 유지하여 드리려고 했는지? 반성도 해 보자.

풍수 한마디!

풍수이론의 시작은 동기감응의 원리를 인식하고 이를 연구 실행하여 오늘에 이르고 있다고 할 수 있다. 여기에는 동기감응사상 이전에 당시의 천문과 주역의 음양오행 사상이 기반이 되어 있다. 그러나 이제는 한 발 더 나아가 인과사상이 들어 있다는 것을 말하고 싶다. 이 인과를 구별할 수 없고 알 수 없다면 이는 풍수공부가 미숙한 것이다.

풍수지사에 대한
바른 이해

풍수지리를 안다는 것은 말과 글과 그림이 아니고 산과 물과 바람과 대화를 하는 것이지 그 이상 아무것도 아니다. 대화는 말이 아닌 자연과의 이심전심인데 오금이 저릴 정도로 명쾌하고 선명하여 군더더기가 없다.

이러한 깨달음은 지리서와 스승으로부터 모두를 얻을 수는 없을 것이다. 즉 지리서와 스승으로부터는 기초지식을 얻을 뿐이고 정답은 홀로 터득할 수밖에 없다. 또한, 공부하는 길은 다름 아닌 스님들의 득도 과정과 비슷하다고도 이야기할 수도 있다. 도를 아는 스님이 제자에게 도를 알려주고 싶어도 알려줄 수 없다고 하는 것과 같은 것이다. 단지 도를 아는 스님은 여러 방편만 제시할 수밖에 없다.

그리고 간혹 공부하는 스님이 도의 길을 잘못 들어 잡신에게 희롱당하는 일이 있다고 한다. 풍수공부의 길에서도 잡신에게 희롱당하는 분들이 간혹 있음을 조심하여야 한다. 도를 아는 스님으로부터의 문답은 이래서 꼭 필요하다고 한다. 풍수공부에서도 마찬가지라 생각된다. 그렇지 않으면 어리석은 사람은 지리서에 속고, 자칭 선생이라는 사람에게 속고, 산천의 형상에 속고, 자신에게 속고, 결국에는 천지에 널려 있는 토색에 속는 것이다. 이것이 오늘날 일어나고 있는 풍수세상이고 현실이다.

진실하게 알고자 한다면 오직 스스로의 노력밖에 없다. 답은 너무도 명쾌하고 선명하고 아름답고 경이롭다. 그 깨우침의 아름다움과 행복함은 이 세상에서 무엇과도 비교할 수 없다. 그리고 부지런히 공부하여 풍수지리를 깨닫게 되면 그것에는 중생구제의 길이 있음을 알게 될 것이다. 이의 실행은 참으로 큰 행복이고, 한세상 살다가는 고마운 운명이라는 것도 알 수 있을 것이다. 송장은 쓰레기와 같이 생각할 수도 있다. 이를 쓰레기같이 생각하여 청소하는 청소부가 아닌 중생을 구제하는 도인과 같은 길을 걷는 분이 진실된 지사분이 아닌가 생각된다.

어려운 공부가 돈도 되지 않는데 죽기 살기로 하는 일은 바로 중생구제의 아름다움이 있기 때문일 것이고, 이를 실행하는 분은 곧 아름다운 지사분이다.

풍수 한마디!

풍수지리 공부를 접어야 할 때가 되는가 보다. 그래도 난 풍수지리를 통해서 세상살이 중에 가졌던 많은 의문점을 풀었다고 생각한다. 특히, 사람의 한세상 삶에 대해서 말이다.

그러나 지금 돌이켜 보니 어떻게 할 도리가 없는 일들이 너무도 많았다. 무엇보다도 부모 조상을 생각하여 풍수지리를 논하고자 하였지만, 그런 사고 속에 사는 사람은 10%도 안 되는 느낌이 든다. 90%는 부모 조상을 앞세워 자신의 영달을 꾀하고자 함이니……. 이 어찌 슬프지 않으랴!

그동안 부모 조상이 고통 속에 있어도 생각조차 하지 않다가, 내 삶이 찌들고 어려워지니 묏바람이라 생각하니 말이다. 돌아가셨을 때 정말 편안한 자리를 모시고자 노력하였고, 돌아가신 후에도 삼 년만 근심하고 살펴보았다면 이런 일들은 생기지 않을 것이다.

지금도 늦지 않았다!

부모, 조상님 산소를 진심으로 살피는 시작이 남은 생애에 찾아올 후회를 없애는 길이다!

지사의 능력판단이
어렵다

풍수지리의 실체에 대한 사실 여부를 사전에 미리 확인하는 길은 참으로 어렵고도 어려운 일인 것 같다. 왜냐하면, 무엇으로 어떻게 확인하느냐이다. 즉 확인할 방법이 없다는 것이다. 지금까지 공부해본 몇 권의 지리서와 그간 만나 뵌 적지 않은 지사 분들, 그리고 답산을 통해서 살펴본 수많은 묘지를 통해서 객관적 답을 찾고자 노력을 기울였으나 답을 찾기가 어려웠다.

간단한 예로 고려와 조선을 거쳐 오면서 수많은 유능한 분들이 있었다고 하지만 명쾌한 답은 아직껏 없는 것 같다. '이론과 육안으로 답이 없다면 무엇으로 확인할 수 있는가?'이다.

결론은 지사가 용사해준 집안의 발음을 확인하는 길밖에는 없을 것이다. 여기서 중요한 것은 발음이라는 사실은 몇 대 이후를 표본으로 해서는 안 된다. 지사가 용사해주고 난 묘지 중 길게 잡아서 10년 이내에 그 가정의 발음이 확인되어야 한다는 것이다. 때로는 몇 대 뒤의 발음을 이야기하는 지사가 있는데 이는 능력 없는 지사의 책임 회피적 이야기일 뿐이다.

왜냐하면, 처음 돌아가신 분의 묏자리가 아니고 이장을 하게 되는 경우는 대부분 가정의 우환을 극복해보고자 하는 데서 시작되는데, 이 우환이 몇 대후에 가서 해결된다면 이는 말이 되지 않는다는 것이다. 그렇다고 발음이라는 것은 엄청난 부와 권력이 한순간에 이루어지는 그러한 모습을 이야기하는 것은 아니다. 단지 어려웠던 가정이 서서히 평온해지고 가족들이 서로 화합하고 도와가며 행복한 삶이 시작된다고 느끼기 시작한다면 이를 발음의 시작이라 이야기하고 싶다.

이장이나 초장 후 그 가정에서 이러한 변화가 있어야 진정 그 지사의 능력이 나타나는 것으로 생각된다. 다시 말해서 이러한 현상은 장례나 이장 후 한참 뒤인 몇 대 뒤가 아니라 길어야 10년 이내에 이를 확인할 수 있어야 한다는 것이다. 10년 이내에 좋은 징후가 없다면 이는 필연코 잘못된 것으로 생각하여야 할 것이다.

그러나 일반인들은 사실 이 부분의 중요성을 깨닫고 실수 없는 지사를 선정하기 위한 확인과정은 정말 어렵다. 아무리 어려운 일이라도 지사를 선정하여야 하는 집안은 선정하고자 하는 지사의 작품을 확인하여 선정하여야 크나큰 후회가 없을 것이다. 그리고 또 다른 어려움이 있다는 것을 알아야 한다. 명당 혈을 아는 분과, 명당 혈은 아무나 들어갈 수 있느냐 인데 이에 대한 해답은 많은 분에게 묻고 싶은 것이다.

무릇 지사는 알지 못하는 사실을 알지 못하고 있구나 하고 이를 빨리 깨우치고 이를 극복하여야 할 것이며, 자손들은 자손 된 도리를 다하기 위해 많은 노력을 기울여야 한다. 조상님이 나 때문에 너무도 큰 업보를 지고 계시다는 사실 속에 우리는 발음을 보여주는 지사님을 모시고 아름다운 세상을 아름답게 살아가야 함이 복일 것이다.

땅속은 거짓이 없다. 수많은 명혈은 선한 자를 기다리고 있다고 한다. 이는 이론과 눈으로 되는 일이 아닌 것은 분명하다. 따라서 길흉화복을 확신하지 못한다면 지사 일을 즉시 끝내고 더 많은 공부를 하는 것이 그만큼 죄업에서 벗어나는 길일 것이다. 우리 역시 조상님을 편히 모시고자 한다면 이러한 결과를 만드시는 분을 찾아야 후회가 없을 것이다. 그러나 이것이 정작 어려움이고 한 가정의 복이 아닐는지?

풍수 한마디!

풍수지리 공부를 하고자 한다면 기본에 충실하라고 말하고 싶다. 단순히 시중에 돌아다니는 지리서 몇 권과 산행 몇 번, 공부 좀 했다는 분과의 관산과 대화, 엘 로드 사용법 숙지 등 이러한 정도로 알아보고 세월만 지났다고 공부가 되었다고 볼 수는 없다. 먼저 기본과 원리를 아는 것인 지식적인 수준이 아니라 도를 깨우쳤다고 하듯이 깨우쳐야 한다고 권하고 싶다. 무엇보다도 음양오행이 정말로 무엇인지? 왜 그것이 존재하고, 이론으로 사용되었는지부터 시작해서 풍수고전에서 이야기하는 땅의 원리와 이 음양오행과 땅의 원리에 대한 결합을 지식으로가 아니라 깨우쳐야 한다는 것이다. 둘째는 이러한 깨우침을 시작으로 지리서 각각의 원리를 깨우쳐야 한다는 것이다. 이러한 지식적 수준이 아닌 깨우침이 없다면 풍수공부는 이루어지지 않는다는 것을 알기 바란다. 그래서 풍수는 천재라도 알기가 어렵고 비록 둔재라도 깨우침이 있다면 혈을 훤히 볼 수 있고 사용할 수 있다. 풍수지리 공부는 천재와 둔재를 구별하지 않는다.

풍수를 알면 후학을 양성하기가 두렵다

풍수지리는 말 그대로 바람과 물과 땅의 이치라는 것이다. 우리가 바람을 모르는가? 물을 모르는가? 땅을 모르는가? 하물며 이렇게 간단한데 너무너무 어렵다고만 한다. 그러나 하나하나 깊이를 더해 가면 정말 원인을 알 수 없는 어려움이다.

정말 풍수지리를 알면 후학을 양성하기가 어려운 것인가?

현재까지 유명한 풍수 선사들이라고 전해 오는 분 중에는 중국의 양균송* 선생의 제자 오경란이나 뢰문준, 우리나라의 무학대사와 성거사와 그의 제자라고 하는 이자백 등 극히 일부만 전해지고 있는 것이다. 이도 정확

---

*   양균송은 당나라 때 사람으로 풍수지리에서 가장 많은 업적을 남긴 것으로 전해지고 있고, 호는 구빈이라 한다. 즉 가난을 구하신 분이라 그렇게 불렀다고 한다. 저서로『감룡경』,『의룡경』,『장법도장』등 많은 풍수서를 남겼다.

하지는 않지만 전해오는 이야기로 알고 있으며, 이렇게 제자들이 극히 적다는 것은 무엇을 의미하는 것일까? 생각해 볼 일이다.

아마도 생각건대 첫째, "수십 길 깊이 호수의 살얼음판을 걷는 일같이 무섭고 힘든 일이라면 구태여 제자를 양성해서 행하게 하겠는가?"라는 질문을 스스로 해 본다. 물론 중생구제를 한다는 것이 좋은 일이기 때문이라는 합리화를 쉽게 할 수 있지만 진실로 생각해 보자. 돈도 되지 않고 성공보다 실패가 많다면 과연 제자를 양성하고 싶은 마음이 쉽게 생기겠는가? 현실로 돌아와 '지사 삼대에 망하지 않은 집안 없다.'라는 이야기를 들어보면 '더 없이 제자를 양성할 수 있는가?' 의문이다.

둘째, 나의 이론만 옳다고 주장하는 현실에서 정확한 이론과 실제가 구분되지 않는데 무엇으로 제자를 가르치고 양성한단 말인가이다. 세상에 있는 지리서 몇 권으로, 수맥이나 기를 공부하여 통했다고 이것이 풍수지리 전부는 아닐진대 무엇으로 가르치고 전할 수 있는가가 의문이다. 그렇다! 지리서와 엘 로드와 기로써 모두 해결이 된다면 온 천지에 산재하고 있는 묵 묘는 왜 생겨났고 지금도 생겨나고 있는가?

셋째, 물론 이 분야에서 유능하고 고명하신 분들이 많이 존재했음을 우리는 들어서 알고 있다. 그러나 누구의 제자는 고사하고 그분들이 남긴 지가서 하나, 발음이 이어지고 있는 묏자리 하나 찾아보기가 어려울 정도로 극소수이지 않은가? 이는 무엇 때문인가? 물론 비전 운운하는 이야기를 많이 들었는데 현재 시중에 일부 번역본을 보면 걱정하지 않을 수 없다. 단편적인 부분만 기록했기 때문에 많은 위험이 도사리고 있기 때문이다. 이를 객관적 포괄적으로 이해하는 분이 과연 몇 분이나 있는지 궁금하다.

물론 많은 분은 자기만은 정확히 안다고 한다. 이와 같은 바보스러운 스스로의 답변에도 불구하고 옛 선사 분들의 제자가 적었음을 상기해 보고 싶다. 그만큼 풍수지리는 어렵고 무섭고 두렵기 때문이 아닐까? 지관 한 사람의 한 번의 실수는 한 집안을 멸망케 하는 데 부족함이 없다. 요즘 세상에 생명을 다루는 의사가 한 번의 큰 실수를 하게 되면 한 생명을 잃는다. 비교되지 않는 무서움이 도사리고 있는 것이다.

인간사 한세상 오고 감은 자손들의 몫이고 또한 본인이 살아서 쌓아온 업보의 결과, 즉 하늘의 이치이다. 이 이치를 명 지사라 하여 돈 몇 푼에 아니 수십억 원을 받았다고 가정하자, 그렇다고 한세상 살아온 업보를 바꾸어 줄 수 있단 말인가? 그러면 지사의 몫은 무엇인가? 어느 지사의 긴 한숨 속에서 '하늘의 이치를 대신하는 일'이라고 힘없이 자위하던 그 모습이 생각난다. 이렇게 두려운 일이니 타고난 운명이 아니라면 어느 누가 쉽사리 이 길에 나서고 제자를 양성하겠는가? 많은 공부가 중요한 것이 아니고 마음이 더 중요하다고 생각한다. 자연과 같은 스스럼없는 마음을 키우는 데 노력하여야 할 것이다. 자연과 스스럼없는 그 마음이 글과 말과 눈으로 되지 않는 어려움이고 이를 어떻게 가르칠 수 있을지? 이 부분에서 실증적이고 객관적인 방법론이 연구되어야 할 것으로 생각된다. 이러한 교육과정을 통하여 스스럼없는 마음이라야 자연을 벗하고 살 수 있지 않을까?

이 글과는 좀 동떨어지겠지만 오늘날에는 풍수지리분야에도 자격증이 난무하고 석·박사가 난무하고 있으니 이를 어떻게 해석하여야 할까? 물론 많은 사람이 활용할 수 있도록 객관적 사실을 위한 시도라고 할 수 있지만, 일부는 연구가 아닌 완성자로 행하고 있는 것이다. 그렇지만 이분들 중에도 과거의 선사 분들처럼 많은 공부를 하고 중생구제를 위해 진력을 다하고자 하는 분들이 많을 것으로 믿는다. 이 산천에 산재하고 있는 묵 묘가 사라지고 편안하고 보기 좋은 산소로 다시 태어나는 그 날! 그 날이 오면 온 세상 사람들은 우환이 사라진 행복한 삶을 살아가게 될 것이다. 그날이 조속히 도래하기를 기대해 본다.

풍수 한마디!

풍수지리처럼 공부하는 사람을 희롱하는 학문도 없다. 몇 번만 관산 갔다 오면 모두를 아는 듯하게 하고, 그러다가 어느 순간 아무것도 모르는 것 같기도 하게 한다. 또한, 어느 사람이나 구별하지 않고 모두 다 옳다고도 한다. 어느 것이 정말인지 알다가도 모르게 사람을 희롱하는 것이 풍수지리 학문이다. 그러나 이놈을 꽉 움켜지고 한바탕 씨름해 보면 이 또한 별거 아니다. 그냥 물이 흐르는 것과 같다.

풍수지리학의
발전

풍수지리를 정통으로 이해하기 위해서 1960년대 이후를 현재라 가정하고 이야기를 해 보고 싶다. 즉 풍수지리라는 분야는 왜 과거만 있고 현재와 미래는 존재하지 않는 것일까? 하는 것이다. 다른 학문은 그 당시 연구결과가 진리라 생각하더라도 다시금 현재에 이르기까지 새로운 연구 성과가 나타나는 등 지속해서 인간의 삶을 복되게 하는 방향으로 발전되어 오고 있다.

그런데 유독 풍수지리분야는 왜 현재와 미래가 없을까? 단지 필자의 연구는 아니라 하더라도 음양오행원리는 과거나 현재나 변치 않고 이어져 오고 있다. 그 외에는 하다못해 운명론도 다양하게 발전하고 있으며 설령 전해지지 않은 이론이라도 새로이 연구되고 재해석되는 등 발전을 거듭하고 있다. 그런데 풍수지리만큼은 발전을 위해 몸부림치면 이 몸부림이 옳은지 그른지 확인은 하지 않고 옛날 무슨 이론을 들춰서 아니라고 단절만 하고 과거에만 매달리고 있는 것이다. 이 점이 다른 분야와 달리 안타까운 일이다.

어느 시대보다도 과학의 발전이 풍부한 지금, 풍수지리도 이제는 과학적으로 접근하여야 하며, 산소나 명당 혈을 찾아 감정하고 재혈하는 방법과 결과의 도출도 모호한 문자나 흘러가는 뜬구름씩 설명은 배제되어야 한다. 객관적으로 상대방이 인정할 수 있는 방법론과 설득력이 필요하다는 것이다.

다행히도 근래에 이 부분에서 진일보를 향한 몇 분야가 탄생하고 있다는 것이 참으로 다행이다. 즉 수맥파, 전자파, 기맥, 기 등의 분야다. 그중에서도 성과를 보이고 있다고 판단되는 분야는 수맥 분야라 할 수 있다. 풍수지리서의 논리를 전혀 모르고 수맥차를 어느 정도 정확히 측정할 수 있다면 웬만한 풍수지사보다 좋은 점수를 주고 싶다. 이유는 객관적인 성과가 풍수지사보다 훨씬 낫기 때문이다. 특히 산소감정 결과 면에서는 더욱 그렇다고 생각된다.

그러나 수맥파 공부 역시 명당 혈을 알고자 하는 만큼 어렵고도 어려운 분야로 많은 실험과 연구 과정이 필요하다고 생각된다. 요즈음 풍수지리 한다는 사람 치고 엘 로드를 가지고 다니지 않는 분이 극히 적다는 것 하나만으로도 수맥파의 중요성은 이미 인정된 셈이고, 더 나아가 진실로 풍수와 함께 발전해야 하는 연구 분야임은 틀림이 없다. 결론은 풍수를 진실로 알고자 한다면 수맥파도 알아야 하는 것이 기본이라고 말하고 싶다. 그 이유는 독자 분들 스스로 찾아보기 바란다.

그렇지만 섣불리 엘 로드나 들고 명당 운운하는 것은 나침판으로 수구를 맞추면서 재혈하는 풍수의 기초 중 기초수준으로 많은 낭패를 가져올 것이니 조심하여야 할 것이다. 그리고 수맥파를 공부하다 보면 아직도 그 실상을 알 수 없는 "기"라고 하는 부분을 접하게 되는데 이 기에 대해서는 수맥파보다 공부하기가 훨씬 어려운 부분으로 생각된다. 그렇다! 앞으로 어떠한 연구 성과가 더 많이 나타날지 알 수 없지만 근래에 수맥파 연구가 풍수지리에 도입되어 연구되고 있는 것은 다행한 일이다.

풍수 한마디!

아주 현명하신 분의 지사 선정 일화!

지금은 고인이 되신 모 회장님의 이야기이다. 이름 석 자는 만인이 모두 아는 분이다. 이분의 지사 선정이야기가 너무도 당연하기에 짧게 소개하고자 한다.

'이분은 지사의 자문이 필요한 경우 미리 준비한 몇몇 산소와 그 산소의 자손들 가정을 자세하게 조사한 후 이를 지사에게 문의하여 정확하게 감정하여 답변한 분이면 후하게 대접하고 도움을 요청했다'고 한다.

그 결과 지금은 상상할 수 없는 대성공과 그 지사분의 명성 또한 지금도 자자하다. 이 이야기는 '풍수지리는 말과 글로써는 그 정확성을 제대로 밝힐 수 없다는 것'을 잘 나타내고 있다고 할 수 있다. 독자분들께서도 이 점을 참고하여 실수 없는 조상님 돌보기와 가정이 행복하기를 기원한다.

풍수학의
현실
이야기

명당이야기는
100인이 100색이다

다른 이야기와 달리 명당 혈에 대해서는 백 인이면 백 인이 모두 다른 결론이 나오는 것이 현실이다. 그럼 왜 하나의 혈에 관해서 이야기를 하면 백인백색이고 이에 더하여 지리서 또한 수십 종에 이른다고 하는가? 이유는 간단하다. 명당의 혈을 정확하게 모르기 때문이다. 말로 하는 이론은 막힘이 없으나 산에서는 말 따로 책 따로 산천이 따로 이기 때문이다. 좀 더 구체적으로 이야기하면 "장님 코끼리 만지기 식"이기 때문에 일치된 답은 없고 백인백색인 것이다. 만약 명당 혈을 정확히 아는 분들이 모여 있다면 아마도 결론은 하나로 끝이 날 것이다. 아니, 하나로 끝이 나는 것이 정상일 것이다.

정말 현실에서는 명당 혈을 정확하게 알고 있는 분들이 적고, 만나기 또한 어려운 것인가? 이와 같이 백 인이 백색이기 때문에 옳은 결론을 내리기 위해서는 스스로 공부가 필요한 것인지 모르겠다. 정작 내가 풍수지리를 적용하여 집안을 살피고 조상님의 산소를 돌보고자 할 때 어떻게 하는 것이 정말 잘한 것인지 알 수 없는 때가 많았다.

또한, 지리서가 수십 종에 이르는 이유도 앞에서 이야기한 바와 같이 지사가 정확하게 명당 혈을 알지 못한 상태에서 각자의 견해를 책으로 만들어 출판하였기 때문이 아닐는지 모른다. 그리고 이에 더하여 이론적인 공부는 많이 하였으나 실증적 체험 속에서 이를 객관화하지 못한 상태에서 정말 정확히 아는 것으로 생각하여 지리서를 만들었는지도 모른다.

그러나 현실은 과학문명의 시대이다. 무엇보다도 객관적으로 증명할 수 있는 학문적 연구가 필요한 시기이다. 더욱이 비밀스럽게 도제식으로 공부하고 비밀리에 전수되던 시대가 아니다. 많은 연구 자료와 서적들이 공개되고 공식적인 교육 전당이 마련되고 있는 지금, 풍수지리를 공부하는 분들은 이점을 깊이 생각하고 풍수의 객관화에 열과 성을 다하여야 할 것이다. 많은 객관적 자료가 나타나고 있는 한 이를 미신으로 전락하는 일은 없어지고 많은 사람은 행복한 삶을 살아갈 것이다. 절대 풍수지리라는 학문은 백인백색이 되어서는 안 될 것이다.

풍수를 공부하지 않은 분들도 쉽게 활용하고 집안이 편안하게 할 수 있는 좋은 방안임에도 이러한 현실에서는 불가능하다고 본다. 정성을 다해 조상님을 모시고자 함에도 이러한 현실을 직시하지 않는다면 오히려 행하지 않음만 못한 결과가 초래될 것으로 생각된다.

풍수 한마디!

천 년이 지나도 변치 않는 풍수지리 세계의 모습이 있는 것을 이야기하고자
한다. 내용은 간단하다. 중국에서 오래전에 발행되었다고 전해지고 있는 각
종 지리서의 서문을 보면 그때나 지금이나 전혀 변하지 않는 것이 있다. 첫
째, 모든 지사는 자기만이 최고라고 하는 내용, 둘째, 나 외의 지사는 세상을
혹세무민한다고 하는 내용, 셋째, 개안을 하여야 한다는 내용, 넷째, 나만의
이론을 적용해 보니 아주 정확했다고 하는 내용, 다섯째, 이제 내가 이를 새
로 밝혀 바로잡고 후세에 전하겠다는 내용 등이다. 그러나 지금도 산천에는
묵묘만 산재하고 있다.

풍수지리와
우리의 사고

장마철이라 몹시 덥고 후덥지근하지만 휴일 그냥 집에 있다는 것이 더없이 답답하여 무작정 산행을 감행하고 본다. 그러다가 우연히 지인을 만났고 그간 못다 나눈 이야기를 나누던 중 이야기의 흐름은 산소이야기로 흘러갔다. 지금껏 깊지 않은 어설픈 실력이지만 인체 감정과 사진 감정 및 현장 감정을 통해 당연히 사람들의 우환이야기로 결론 맺음은 어제오늘의 일이 아니었기에 당연시하였지만, 상대방은 처음 듣는 이야기와 자신의 삶에 대한 환경을 꿰뚫어 보는 듯한 이야기에 퍽 당혹스러운 모습이었다.

그러나 이도 잠시 이러한 이야기는 사실이 아니기를 바라는 마음에서인지, 아니면 자기만은 아닐 것이라는 합리화로 돌리고 싶은 마음인지 모르지만 그럴 리가 없다는 자신에 찬 이야기, 즉 부친께서 돌아가셨을 때 꽤 유명한 지사를 모셔다가 일을 했는데 그럴 리가 없다는 것이다. 그러면서도 다시금 걱정의 눈빛이 돌아옴을 보게 된다. 아마 이것이 우리네 삶의 현실일 것이다.

그렇지만 이러한 이야기를 하고 싶다. 조상님의 유택을 마련하는 일은 돈과 지사가 아니고 본인의 한평생 살아온 결과와 자손들의 조상님에 대한 효성에 의한 결과라고 말하고 싶다. 더욱이 불편한 자리에 모셨음을 알고 나서는 이를 진실로 해결하려 하지 않고 무작정 돈 몇 푼에 지사 모시고 포클레인 불러 얼렁뚱땅하면 만사가 형통되는 것으로 생각하는 것 같은 이 생각이 안타깝고 답답하다는 것이다. 편안하지 못한 자리에 조상님을 모셨다는 사실을 알았다면 자손으로서 조상님의 생전 업장을 먼저 덜어드리라고 말하고 싶다.

자손들을 사랑한 나머지 알게 모르게 지은 업장이 눈에 보이지 않는다고 나 몰라라 잊어버리는 우리네 삶의 행태부터 반성하는 것이 순서일 것 같다.

내 집에 비가 새는 것을 알려주면 알려준 사람에게 고맙다고 사례를 아끼지 않으면서 왜 조상님의 유택이 잘못되었음을 알고는 그리도 방관하고 우연만을 찾고 있는가? 그 산소로 인해 내가 겪어야만 할 우환이라고 인식하고 나면 그때부터는 조상님을 위해서가 아니라 내가 살고자 안절부절 못하는데 그것이 정말 옳은 일이고 그 결과는 잘 되리라고 생각하는지 반문해 보고 싶다.

결과는 누구나 살아가는 세상살이도 호락호락하지 않는데 하물며 조상님 유택을 그렇게 가볍게 생각하는 것이 정도로 살아가는 것이라고는 생각되지 않는다. 진실하여야 한다. 정성을 들여야 한다. 나만을 생각해서는 절대 옳은 방향으로 일이 진행되지 않는다는 것을 강조하고 싶다.

이 이야기는 명당 정혈을 말하고자 하는 것이 아니다. 수만금의 금은보화보다도 더 좋다는 명당 혈을 결코 말하고자 하는 것이 아니다. 사실적으로 우리나라 인구 중 몇 %나 명당 혈에 들어갈 수 있겠는가? 지금까지의 사례와 직간접 경험으로는 10%로도 채 안 된다고 생각한다. 이러한 좋은 명당 혈을 이야기하고자 하는 것이 아니라 자손으로서의 정성이 깃들어진 편안한 자리를 말하고 싶은 것이다. 인과로 인해 우리는 우리의 삶을 살아가고 동기감응으로 영원히 이어지는 조상님과의 관계는 어쩜 살아서보다도 사후가 더욱더 중요할지 모른다. 이것이 내가 가장 사랑하는 내 자손들의 삶의 미래라는 것이다.

풍수 한마디!

한 생을 마감하고 명당에 들어가고자 한다면 지사를 의지해서는 안 된다. 지사가 명당을 찾아 묏자리를 정해준 것을 보기가 어렵다. 오로지 자신의 한평생 삶의 결과이다. 좋은 자리를 위해서는 돈도 권력도 지사도 아님을 알아야 한다. 그래도 명당에 들어가고자 한다면 돈과 권력과 지사를 멀리하고 한세상 많은 사람과 좋은 벗을 이루어 살아가야 한다. 명당을 쓸 줄 아는 지사 만나기 어렵다는 것은 오늘날까지 변치 않는 역사적인 이야기이다.

정말 어려운 조상님
편히 모시기

이야기도 안 되는 것과 같은 글을 쓰다 보니 이러한 생각이 든다. 지금까지 쓴다고 쓴 내용이 무엇인가? 되돌아보니 아마도 첫째는 조상님 모시기를 강조하였고, 둘째는 지사가 갖추어야 할 조건과 중요성을, 셋째는 자손의 도리가 막중함을 이야기한 듯하다

이 세 가지 모두 얼핏 지나가는 마음으로 생각하면 아무것도 아니지만, 인간사에서는 흔히 있을 수 있는 그러한 이야기에 불과하다. 그러나 이를 좀 더 깊이 있게 생각해 보면 그리 쉽지만은 않은 일들이다.

첫째, 많지 않은 경험 중에서 볼 때 집안에서 조상님의 묏자리에 관한 이야기가 힘들지 않고 순조롭게 타협점을 찾아 돌보기가 어렵다는 것을 볼 수 있다. 예를 들어 조부모님을 잘못 모셨을 때 사촌 형제들까지 협의를 하는 경우, 어려운 집에서 이장하자고 제의를 하면 사촌 모두의 화합된 결론

을 얻기가 어렵다는 것을 볼 수 있다. 특히 조금 형편이 나은 집이 있다면 더더욱 어려움을 겪는 경우를 보아 왔다. 이는 무엇 때문일까? '내 할아버지, 할머니를 좋은 곳으로 모시고자 하는데 왜 의견의 일치가 안 되는 것일까? 그리고 의견의 일치를 보기 위해서는 어떻게 하여야 할 것인가?'이다. 많은 집안에서 겪게 되는 일들이다.

이 문제에 대해 골몰한 나머지 현재까지는 조상님들 본인의 살아생전 과보요 또 한 가지는 집안의 과보로밖에 생각이 나지 않는다. 즉 과보가 끝나는 때가 되어야 화합된 의견의 일치를 보게 된다면 이는 무엇을 의미하는 것일까? 이러한 제안을 하고 싶다. 현 세상에서 과보를 없앨 길을 찾아보면 어떨까 하는 생각을 해 본다. 과보를 없앨 방안은 전통성 있는 종교적 방식과 자손들의 진심 어린 고뇌일 것이다. 과보를 없애든지 줄이지 않고 좋은 자리에 그냥 갈 수 있다면 자연의 이치와는 너무도 동떨어지기 때문이다.

둘째는 지사문제로 역시 자사 간에는 백인이 백색이니 이를 어떻게 구별하여야 하는가가 문제이고 어려움이다. 수차에 걸쳐 이야기하였지만 올바른 지사 만나기가 참으로 어렵다고 생각된다. 어떻게 무엇으로 올바른 지사를 구별한단 말인가? 얕은 풍수 지식을 습득한 경우가 더 문제가 된다. 정확하지 않은 잣대로 지사를 평가하니 정확할 수가 없고, 어느 한 지사가 기분 좋은 내용으로 이야기하면서 비위를 맞추면 좋은 지사라 생각하고, 견해가 다르면 믿음을 가질 수 없는 지사로 생각하는 경우가 종종 있기 때문이다.

모든 사람에게 일치성을 갖는 지사는 재수가 좋아야 만날 수 있을 것으로 생각된다. 역시 이 문제에 대해 자신 스스로 행할 수 없을 때 지사를 선택하여야 한다면 현재까지 만난 분들과 인터넷 등을 통해 알려진 많은 지사 분들을 판단해본바 몇몇 분밖에 없는 것 같다. 물론 세상에 알려지지 않은 훌륭한 지사분이 많을 것으로 믿는다. 이 역시 첫째 조건에서 이야기한 것과 같이 선업에 의한 인연이 있어야 할 것으로 생각된다. 그리고 잔재주와 얄팍한 눈치로 돈 몇 푼에 의한 매수로 횡재를 꿈꾸는 그러한 야비한 야망! 특히 눈치나 살펴서 음식대접이나 하고 기회나 엿보아 한자리 얻고자 한다면 이는 어불성설이며 이러한 태도로는 올바른 지사와 편안한 자리는 만날 수 없을 것이다. 설혹 만난다 하더라도 그 지사는 결코 도움을 줄 수 없을 것이다. 이 도리가 무엇일까? 무학 대사가 지었다고 전하는 정관도의 번역본 『지리전도서』에서는 이렇게 표현하고 있다. "명사가 정법으로 점지한 하나의 점혈은 만 관의 보석으로도 부족할진대 어찌 음식 먹이고 물건 주어서 될 일이겠는가?"라고 기록하고 있다.

셋째, 자손의 도리에 대해서는 작금의 세태가 예전과 달리 신속하고도 많은 변화 속에 혼란된 환경에 처해 있어 조상님 모시기의 아름다운 풍습이 쇠퇴하여 가고 있다는 것이다. 올곧은 전통이 좋아서가 아니라 조상님과 동기감응은 한 치의 오차가 없으니 외부환경에 현혹되지 말고 조상님 모시기에 심혈을 기울여야 한다는 것이다. 부득이한 경우지만 화장과 봉안당, 정확한 확인 없는 가족묘지는 탄생하지 말았어야 할 문화로 생각된다. 이 또한 자손들이 쌓아온 선업과 복덕이 없이 산소만 잘 쓰면 잘된다고 하니까. 돈만 있으면 훌륭한 지사를 모셔다가 조상님을 잘 모실 수 있다면, 욕심으로 또는 머리를 써서 되는 일이라면, 이러한 일은 존재하지 않을 뿐 아니라 잠시의 현혹으로 무서운 결과가 도래한다는 것을 생각하고 싶다.

풍수 한마디!

풍수지리 공부를 하면서 항상 보고 느끼는 것은 인간의 능력 이전에 조물주의 능력에 대해 경이로움을 느끼지 않을 수 없다. 아주 귀중한 혈이면서 많은 사람에게 전해지고 있는 순창회문산 "오선위기"혈이 바로 눈앞에 나타나는 순간이다. 대 도인을 만나듯이 먼저 예를 올려야 한다는 생각밖에 없었다. 향을 피워 예를 올리고 바라보는 혈장 앞에 더 무엇을 이야기하랴! 천장지비이며 신의 조화로움이라고밖에 달리 생각이 떠오르지 않았다. 비결서에는 넓은 석판에 흙을 가져다가 보토하고 사용하여야 한다고 되어 있는데 정말 그 이야기가 사실이고 보면 어떻게 이러한 혈이 만들어져 있는지 정말 신기할 뿐이다.

오랫동안 발음이
이어질 수 없는 현실

오랜 전통의 조상 모시기 문화는 발음과 자손들의 평화로운 삶을 지향하는 방향에서 시작되어 발전되었다. 특히 발음 문화는 우리 역사에서 기술문명 이전에 오로지 삶의 등급을 극복할 수 있는 유일한 수단으로 작용하였기에 더없이 명당 혈에 목말라 했는지 모른다. 조선 시대의 경우에도 인간의 삶에서 평등성보다는 계급사회와 농경사회에서 상류계층으로의 도약 또는 노비사회에서의 극복은 오로지 명당 혈의 발음밖에는 의지할 만한 곳이 없었던 것으로 여겨진다.

이러한 어려움을 풍수지리를 통해 극복하고 목표를 성취하였다면 이를 지속해서 누리고자 하는 것이 인지상정일 것이다. 그러나 결과는 오래가지 못하고 어려움은 다시 시작되는 것은 무슨 연유일까? 이는 현재도 방향만 다르지 한 가정의 삶을 살펴보면 동일하게 나타나고 있는 것이다. 이에 대한 소견은 간단하게 땅의 이치와 풍수적 명당 혈의 존재에 대해 오류를 범하고 있기 때문이라고 생각된다.

즉 풍수적 조건이 갖추어진 산에서 아무런 해가 없이 조상님을 모실 수 있는 묏자리는 대략 서너 개 이내이다. 그런데 현실은 어떠한가? 대부분의 가정에서 윗대 산소, 특히 발음이 있었던 것으로 믿어지는 산소 밑에는 어김없이 많은 후손의 산소가 자리 잡고 있다. 이러한 경우 선대 산소가 발음한 묏자리면 선대 산소 아래에 있는 대부분의 산소는 쓸 수 없는 자리이다. 그리고 선대 산소의 발음은 선대 산소 밑에 산소를 쓰기 시작하면서 집안에 우환이 시작되는 것이다. 이를 예전에는 발음한 묘의 좋은 기운이 아래 후손산소로 이동하여 우환이 발생한다고 하였다. 지금도 이렇게 생각하는 분들이 있는 것 같다. 하지만 이러한 생각은 잘못된 생각이다.

발음이 있었던 좋은 명당 혈자리는 혈장 내에서 하나나 둘 이상이 아니며, 더욱이 발음이 있었던 묘 주변은 유해파가 평지보다도 훨씬 강하고 촘촘하게 흐르고 있어 이 때문에 우환이 시작되는 것이다. 그러다가 세월이 흐르면서 묘를 써 내려오던 중 산 끝쯤에서 해가 없는 혈이 있는 경우가 있는데 이곳에 산소를 모시는 집안이 다시 발전하게 된다.

따라서 정혈에 조상님을 모시고 발음이 확실하다면 그 주변에서는 후손들이 묘를 쓰지 않는 것이 현명하다. 아마도 7~10m 이상은 떨어지는 것이 좋을 것이다. 결론적으로 정혈에 조상님을 모시고 이 발음의 혜택을 집안들이 공유하고 오랫동안 누리기 위해서는 혈이 여러 곳이 아님을 명심하여 유해파 등 살기를 피하고 생기 맥을 찾아 후손들이 묏자리를 만들어 사용하여야 한다. 그러기 위해서는 무엇보다도 온 가족이 화합하는 분위기가 조성되어 서로 돕는 마음이 첫째이다. 화합된 마음으로 아직 묏자리가 써지지 않은 곳이 다행히도 햇빛이 잘 드는 곳이라면 북향이라고 해서 안 좋은 이유가 없다. 유해파를 피해 잘 모시면 집안은 평온하게 된다. 발음이 있었던 선대조상 아래가 절대 좋지 않음을 이해하여야 한다.

풍수한마디!

명당 혈은 모두 사용되어 없다고 한다. 이러한 말은 풍수지리를 미신시하거나 도외시하거나 풍수지리 공부를 제대로 해 보지 않은 사람들의 이야기이다. 본인 스스로 명당 혈이 무엇인지도 모르고 단순히 이성적 편견으로 하는 이야기이다. 명당 혈 이전에 우리는 자손으로서 풍수지리를 생각할 줄 알아야 한다. 또한, 우리가 부모로부터 이 세상에 나왔듯이 앞으로 우리의 후손을 위해서 한 번쯤은 깊이 있게 생각해 볼 일이다.

현실에서 지사가 하는 일의
어려움을 이해하자

지사의 어려움은 무엇보다도 풍수지리를 정확히 실행에 옮기는 일일 것이다. 누차 이야기하였고 또한 많은 어려움이 있다는 사실에 대해서도 이미 세상에 잘 알려졌기 때문에 재론하고 싶지 않지만, 공부를 모두 익히고도 어려운 일들이 있다는 것을 이야기하고자 한다.

풍수지리를 실천하는 길에서 나타나는 난관들로 첫째는 지사가 도와주어야 할 가정은 대부분 우환이나 파산으로 삶이 어려워서 마지못해 궁여지책으로 일을 추진한다는 데 있다. 잘 살고 평화로운 가정이라면 부담이 그래도 덜할 것이며 그나마 선산이라도 있다면 자리를 정하는 데 어려움이 덜하겠으나 대부분 선산조차 없는 경우가 많다는 것이다. 즉 풍수지리에서 말하는 명당요건을 갖춘 자리가 전혀 없다는 것이다. 이때 지사는 참으로 이를 어떻게 추진할 것인가가 어려움이다.

둘째는 전통적으로 많은 사람은 풍수에 관한 한 한 마디쯤은 던지고 싶어 하는데 이의 답변에 대한 고민이 많을 것이다. 그중에서도 토색을 따지는 사례, 좌향을 안산봉우리 운운하는 사례, 자리가 좀 위로 또는 아래로 잡았다는 사례 등 이러한 경우 초보적 지사는 당황하는 경우가 종종 있을 것이다. 경험이 많고 지리에 정통한 지사는 문제가 되지 않겠으나 어설픈 경우에는 당황스러울 것이다. 특히 좌향과 안산관계는 옛날 지사 분 중에 답변을 하나하나 설명으로 할 수 없어 임시로 이야기한 것이 오늘날까지 진실인양 전해진다고 생각된다. 물론 일부 고전 지리서에 안산을 향한 좌향 이론이 없는 것은 아니다. 그러나 이는 정확한 이론은 아니다. 고전 풍수서에서 아직 좌향 설정에 대한 객관적 이론이 탄생하기 전에 참고하던 이론이다. 그리고 토색으로 명당을 구분하는 것 역시 주먹구구식 방식으로 고려할 게 못 된다. 이럴 때 닥치는 문제점에 대해 대비도 하여야 함은 쉬운 일이 아니다.

셋째는 일을 추진한 가정에서는 지푸라기라도 잡고 싶은 심정에서 추진했기 때문에 효과에 대한 기대심리가 크다는 것이다. 이에 대해 정혈 명당이라면 그리 어려운 일이 아니라고 생각되지만 그렇지 못하였을 때 참으로 고민되지 않을 수 없다. 이러면 앞으로는 지금보다 더는 어려워지지 않기를 바란다는 설명을 하여야 할 것인데 쉬운 일은 아니다.

넷째는 주변에서의 산소이장에 대한 잡소리가 이장한 집을 맴도는 경우가 있다. 이는 지사가 정확하게 일을 추진한 경우가 아니니 무엇이 잘못되었는가를 반드시 재고해 보아야 한다. 이럴 때 책임을 지고 일을 다시 추진하여 잘못된 것을 수정하여 주어야 하는데 이 역시 쉬운 일은 아니다.

다섯째, 지사는 진심 어린 마음으로 내 집일같이 정성을 다하여 추진하여야 한다. 아마 이것이 무엇보다도 가장 어렵게 생각되는 부분이다. 어떻게 하는 것이 정성을 들이고 진심인지 이러한 경우는 많은 공부와 객관적인 실증 공부를 게을리 하지 않는 방법밖에는 없다고 본다.

끝으로 지방마다 가정마다 장묘추진 문화가 다르다는 것이다. 지사는 일을 추진하기 전에 이 부분을 사전에 협의하여 오해가 없도록 원만하게 추진하여야 한다. 이 이외에도 많은 어려움이 있는 것이 지사의 길이나 중생을 진실로 구제하여야 한다면 그리 어려운 일도 아닐 것이다. 지사를 대하는 우리도 이러한 어려움을 충분히 이해하여야 아름다운 것이 아닐는지……

풍수 한마디!

풍수의 고유한 특성으로 자연의 이치에 의해 명당 혈은 10%로도 채 사용되지 않고 남아 있다는 것을 이야기하고 싶다. 단지 이를 얻어 사용하기가 너무도 어려운 것이지 명당 혈이 모두 사용되어서 없는 것이 아니다. 그리고 명당 혈을 제대로 보는 안목이 있는 분은 그리 많지 않다. 더욱이 그러한 분들을 만나기가 어려운 것이다. 이러한 분들은 자신을 세상에 드러내지 않아서이다.

왕도가 없는
풍수세상

풍수지리 공부가 조금 익어 가면 한 번쯤 타인
의 결론에 반박하고 싶은 충동이 일어나는 것을 경험했으리라 생각된다.
그리고 나서 한동안은 흐뭇한 기분이 들기도 하지만 조금 지나면 괜스레
했구나 하는 후회도 있었을 것이다.

풍수지리란 학문이 워낙 중구난방으로 발전되어 오다 보니 이렇다 할
정답도 없는 것이 현실이다. 무엇이 정통한 것인지 아닌지 그러면서도 역
사를 통해 끊임없이 이어져 오는 이상한 힘! 굽힐 줄 모르는 이 문화!

이러한 역사의 산물임에도 풍수에 관한 주장은 어김없이 싸움 아닌 싸
움으로 이어져 결론도 없이 슬프게 끝이 난다. 이유는 무엇 때문일까? 다
름 아닌 결과에 대한 두려움 때문이 아닌가 생각된다. 지금까지 많은 일을
하신 분은 추진한 일 중에서 자기 합리화에 대한 스스로의 부정이 어려웠

을 것이고, 많은 일을 경험하지 못한 분은 자신을 안위하기 위해서 자기의 주장을 쉽사리 부정하기가 어려울 것이다.

자신의 이론과 현실의 부정 속에서는 지나온 일들에 대해 돌이킬 수 없는 아주 두려운 생각도 따라오기 때문이 아닐는지? 더욱이 공들여 터득했다고 하는, 비록 검증도 제대로 받아보지 못한 현실에서 자기부정을 극복하기 또한 어려울 것이다. 그러나 공부 중에 있는 분들은 아주 많은 자기부정을 받아들이는 습관을 키워야 한다. 아마도 이 길이 앞으로의 과오를 줄이는 지름길이 되지 않을까? 지금까지 바라본 풍수문화는 하나에서 열까지 일목요연하게 정리된 교재도 없을 뿐 아니라 방법론 또한 없다. 많은 경험과 부닥침과 자기부정 속에서 풍수공부는 무르익어 갈 수 있을 것이다.

아직까지 풍수공부에는 왕도가 없다! 특히 시중의 지리서를 토대로 완벽한, 최소한 해가 없는 정도의 지식습득은 불가능하다고 본다. 그렇다고 하더라도 이를 기초로 하여 많은 식견 있는 분을 만나고 산천을 대하고 스스로 부정하면서 자기발견의 과정을 반복하다 보면 좋은 결과가 반드시 도래할 것으로 믿고 싶다.

풍수 한마디!

풍수의 핵심은 "역"이라는 단어다. 무엇보다도 현장에서 이 "역"을 깨우치지 못하면 헛일이다. 가장 중요한 "역"의 사용은 "역수사"이다. 작게는 혈관에서부터 외청용 외백호에 이르기까지 잘 살펴야 한다.

이 "역수사"만 안다면 혈장에서 혈을 찾는 데 그리 어렵지 않다. 보일 듯 말 듯 한 것도 있고, 선명하게 잘 보이는 것도 있다. 산을 공부한다고 하면서 이를 모르면, 먼 산 보고 저기 혈이 있다고 하는 것과 같다.

요즘 유행하는
가족묘지에 대한 우려

우리나라의 미풍양속 중 가장 아름다운 것 중 하나는 조상님에 대한 자손 된 도리를 다하고자 하는 것이다. 또한, 조상님들 역시 자손들을 편안하고 잘 살게 하고자 몸소 실천하셨던 정성은 세계 어느 나라에서도 유례가 없을 것으로 생각된다.

그러나 그러한 정성 속에 잘살고 있는 우리들의 현재 세태는 어떠한가? 생활이 어렵고 먹고 살기 힘들어하셨던 옛날에도 우리 선조님들은 조상님 산소 보살피기를 무엇보다도 우선시하였다. 그것도 좋은 자리가 있다면 멀고 높고를 생각하지 않고 조상님을 편히 모시고자 하였던 것이다.

그런데 오늘날은 조상님 유택을 선정하는 데 있어서 첫째의 조건이 조상님이 아닌 나를 위주로 생각한다는 것이다. 즉, 산소에 오가는 길에 불편함이 없고, 도로에 가까워서 자동차를 주차하기 좋고, 일 년에 한 번도 산소에 갈까 말까 하면서 타인에게 과시라도 하려는 것처럼 엄청난 비용과 치장으로 꾸미는 모습과 관리하기 좋다는 이유로 한 곳으로 산소를 모으는 데 정성을 다하고 있는 것이다. 그런 후에는 이러한 일들을 합리화라도 하듯이 어김없는 세상불평을 한다. 즉 자식들이 모두 객지에 있으니까! 앞으로는 누가 묘지를 관리하겠는가? 더욱이 일설에 화장하면 자손에게 해가 없다고 하니까 모두 화장하여 한자리에 모시면 해도 없고 관리도 수월하다는 이유로 제멋대로 하는 것이다.

결국, 조상님이 아닌 나 위주, 즉 우리 선조님들의 사고와는 정반대로 우리는 살고 있지 않나 돌이켜 보고 싶다. 정말 위와 같은 사고와 일의 추진으로 자손들이 편안하고 행복하다면 얼마나 좋은 일이겠는가?

그러나 이는 위험한 발상이다! 부득이하게 집안 사정으로 길가 밭둑에 정성을 들여서 모시는 것이 잘못이라는 이야기는 절대 아니다. 단지 먹고 살 만한 사람이 산에 오르는데 땀이 좀 나고, 좀 멀리 걸어서 가고, 벌초하기 어렵다는 이유와 '앞으로 우리대가 끝나면 시대 풍속으로 볼 때 누가 산소를 돌보겠는가?'라는 이유 등으로 편리한 방법만 찾아 조상님을 모시는 것은 다시금 생각해보아야 한다고 생각하는 것이다.

자손들은 조상님 편에서 생각해야 한다. 특히 가족묘지는 모든 가족이 어려움을 초래할 수 있는 위험이 도사리고 있다. 후손에게 해가 없다는 화장에 대해서는 해가 없는 것이 아니라, 그 결과가 풍수지리에서 이야기하는 것처럼 좋아졌다는 이야기를 들어 보기가 어렵다. 어려움을 극복한 집안일수록 가족묘지는 더욱더 신중히 해야 한다. 조상님에 대한 깊은 생각 끝에 사초나 석물을 설치하는 데도 역시 조심하여야 한다. 이유는 많은 집안에서 가족묘와 사초를 하고 나서 우환이 발생하는 등 어려움을 겪는 가정을 보아왔기 때문이다.

　그러면 어떻게 하여야 하는가? 조상님 산소가 해가 없고 편안한 산소는 옮기거나 건들지 않는 것이 좋다. 비록 공동묘지에 모셨더라도 정말 이장을 하고자 한다면 현재보다 좋은 자리를 마련하여야 한다. 그 이유는 다름 아닌 땅속에 존재하는 생기맥과 살기맥과의 관계인 때문이다. 가족 묘지를 만들어도 해가 없는 땅은 없다. 모든 땅에는 살기맥이라 할 수 있는 즉 망인에게 어려움을 주고 자손들에게 우환을 생기게 하는 그러한 살기맥이 거미줄처럼 깔렸기 때문이다. 따라서 부득이 가족 묘지를 만들고자 한다면 이러한 살기를 피해서만이 가능한 것이다.

풍수 한마디!

엘 로드를 사용하여 지하에서 올라오는 유해파 등 지기를 확인하는 일은 어려운 일이다. 요즈음 풍수지리를 공부하면서 엘 로드를 갖고 다니지 않는 분은 없을 것으로 생각된다. 하지만 정확한 유해파를 탐지하여 활용할 줄 아는 분은 극히 드문 것이 현실이다. 이는 엘 로드라는 기구가 탐지하는 것이 아니라 인체의 감지능력에 의하기 때문이다.

요즘 유행하는 수맥,
지자기와 풍수지리

앞글에서 사격의 정확성과 중요성에 대해 간략히 소개한 바 있다. 청룡·백호가 뭐 그리 중요하냐는 일부 속설에 대한 반증이기에 앞서 현실에서 부정할 수 없는 사례를 이야기하고자 한 것이다. 더욱이 풍수공부를 하시는 분들에게 용, 혈, 사, 수의 중요성을 일깨워 주고 싶기도 하다.

요즘 유행하는 수맥파·지자기·지맥, 이 요소는 풍수지리 공부에서는 중요한 요소이다. 전통적 풍수공부과정이라면 용, 혈, 사, 수의 존재원리를 깨우쳐 정기가 모인 진 혈처를 찾는 일일 것이다. 이러한 과정은 불변의 진리로 이어져 오고 있는 것으로 거짓 없이 존재하고 있다. 이 어려운 과정을 공부하는 방법에 대해서도 전편 글들에서 간략히 설명한 바 있다. 즉 첫째, 풍수지리학문의 기본적 개념을 익히고, 산안을 열어야 한다고, 이러한 기초과정을 도외시하고 단지 수맥·지자기 혹은 지맥만을 공부하는 분들에게서는 안타까운 일들이 생기게 되는 것이다.

현재의 산소가 정혈이 아닌 경우 그 주변에는 정혈이 있는 경우가 종종 있는데 이를 발견하지 못하고 모든 부분에서 현격하게 떨어지는 자리를 선택하게 된다는 것이다. 지맥 역시 수맥과 같이 많은 부분에 존재하나 혈을 이루는 지맥과는 많은 차이점이 있다. 또한, 수맥과 혼동되는 경우가 종종 있다. 이 점이 풍수 지리서를 연구하지 않고 단순히 수맥과 지맥만을 연구한 분들이 범할 수 있는 오류라 하겠다.

기존 산소 주변에 좋은 자리가 있는 이유는 풍수지리공부의 영향으로 비록 정혈은 아닐지라도 정혈이 맺히는 근처를 찾아가는 기본, 즉 기초공부는 완성된 분들의 작품이기 때문이다. 그러나 수맥이나 지맥만 공부하게 되면 좋은 자리가 존재하는 위치조차도 알지 못하고 적당하게 보기 좋게 생긴 곳에서 그냥 수맥만 피해 자리를 선정하다 보니 생기를 찾지 못하게 되는 것이다. 더욱이 풍수지리는 장풍득수인데 이러한 중요한 요소를 간과하게 되어 결국에는 좋은 자리를 놓치는 안타까운 결과를 초래하고 마는 것이다.

사격의 아름다움은 중요하다. 사격의 중요성은 진 혈의 아름다움을 결정하는 중요한 요소다. 풍수적 기초지식을 충분히 익히고 수맥도 익히고 지맥도 하나하나 깨우쳐 간다면 좋은 결과를 얻을 것으로 확신한다. 물론 청룡백호가 없는 (실제는 존재하나 기초적 공부 중에는 없는 것으로 판단) 것 같은 정혈도 많이 있다. 아주 기묘한 이치로 옳고 그름을 따져서 실력 운운 이런 것보다는 기본에 충실한 것이 풍수공부 발전의 지름길이 될 것이다.

풍수 한마디!

좌향을 설정하는 데는 많은 이론이 존재한다. 선후천합십법, 정음정양법, 수구를 기준으로 한 의수입향법, 구성법, 포태법, 좌우선에 의한 법, 입수에 의한 법, 삼합법, 지각에 의한 향삼합법, 진음진양법, 장생수법, 현공에 의한 법 등등 ……. 나열하기가 어려울 정도이다. 그러나 이는 공부과정에서 필요한 것이지 정확한 혈 공부를 완성하고 나면 이러한 이론들이 쓸모가 없다는 것을 알게 된다. 하나로 연결되기 때문이다.

산소를 살펴보는
방법과 가꾸기

　　참으로 안타까운 현실을 무엇이라고 딱 잘라 표현할 수 없음은 가슴 아픈 일이다. 이에 더하여 표현할 수 있다 하더라도 이를 고치기가 쉽지 않다는 면에서 더욱 그러하다. 하고자 하는 이야기는 다름이 아니라 또다시 해가 바뀌고 봄철만 시작되면 어김없이 한 가정의 대소사 중 산소문제가 제기되기 때문이다. 이 산소문제에 관한 이야기를 듣든지 아니면 글을 통해서 보면 그 집안의 우환이나 자손들의 생각은 충분히 이해가 되고 무엇인가 도움을 주고 싶지만, 뜻대로 되지 않음을 보게 된다.

　　아마도 우리가 나이가 들면서 세상을 조금 살다 보면 누구나가 산소와 자손과의 관계나 아니면 집안에서 끊이지 않는 우환이 나타나는 경우 산소와의 관계를 생각하게 된다. 먼저 이야기하고 싶은 것은 상당한 인과가 있다는 것을 이야기하고 싶다. 이 인과는 필자의 경험으로 삶의 핵심적 요소로 생각되며 또한 실증적 사실이다. 그러나 이러한 인과의 중요함에도 세상살이에서 마음먹는 대로 되지 않는다는 것이 안타까운 것이다. 따라서 여기서 몇 가지 제안을 하고자 하니 참고하여 좋은 일이 있기만을 바랄 뿐이다.

첫째, 집안에 우환이 많이 있다면 이는 조상님의 산소에 문제가 있음을 생각하여야 한다. 그럴 때 어느 산소가 잘못되었는가는 집안에 우환이 일어나기 시작하기 전에 바로 돌아가신 분을 생각할 수 있다. 예를 들어 평온했던 집안이 조부모님이 돌아가시고 몇 년이 지나서 우환이 발생하고 있다면 이는 조부모님 중 늦게 돌아가신 분의 묏자리가 잘못된 것이다. 특히 이러한 경우는 합장하는 경우에 특히 많이 나타난다. 왜냐하면, 초장으로 합장을 하여 무해한 자리가 거의 없기 때문이다. 한 분이 먼저 돌아가시고 난 후 집안이 평온했는데 이 산소에 나중에 돌아가신 분을 합장했다면 반드시 이 집안은 우환이 나타나게 되는 것이다. 다음은 먼저 돌아가신 분을 모시고 몇 년 뒤부터 집안에 우환이 생겼는데 얼마 되지 않아 한 분이 돌아가시어 합장했는데 집안이 편안해지고 있다면 이는 늦게 돌아가신 분이 편안한 자리인 것이다. 이러한 사실이 전부는 아니나 간단하게 집안을 살펴볼 수 있는 방안이다.

둘째, 합장이 아니라 하더라도 위와 같은 방법으로 유추해보면 된다.

셋째, 오래된 산소에 대한 관리가 문제이다. 오래된 산소라 하더라도 산소를 다시금 보수하여야 할 때 반드시 먼저 산소가 편안한 자리인지, 안 좋은 자리인지를 확인하는 것이 우선이다. 산소자리가 좋지 않은데 사초를 한다면 이 또한 집안에 우환이 나타날 수 있기 때문이다. 편안한 자리는 산

신제를 잘 지내고 추진하면 우환이 없는데 좋지 않은 산소는 조심하여야 한다. 가장 좋은 방법은 편안한 길지로 이장하는 방법밖에는 없음을 유념하여야 한다. 여기서 석물 설치 또한 같은 이치이다. 사초나 석물을 설치하고 대략 삼 년을 전후하여 집안에 우환이 발생했다면 무엇인가 잘못되었음을 생각해 볼 수 있다. 윤달이나 청명 한식날에 행하였다고 예외는 아니다.

넷째, 위와 같은 일을 잘 처리하기 위해서는 바로 현명한 지사를 잘 선택하여야 한다. 결코 명당을 운운해서는 안 된다. 살기만을 피해도 우리가 살아가는 데는 아무런 지장이 없으니 크나큰 욕심은 금물이다. 청명 한식을 맞이하여 조상님들의 안위를 살피고 내 가정이 행복하기를 바라는 바이다.

풍수 한마디!

풍수지리 공부 중 가장 어려운 부분은 무엇인가? 첫째, 어느 이론이 정론인지 알 수가 없다는 것이다. 이를 간파하여 틀림이 없는 진리를 찾아야 공부가 된 것이고, 둘째, 수많은 사람이 입수라는 단어를 사용하고 또한 가장 중요하다고 하여 입수 일절 용을 이야기하는데 이것이 어디를 이야기하는 것인지 각양각색으로 정론이 없다. 셋째, 많은 사람이 동기감응을 이야기하고 발음을 이야기하지만 이의 실체는 아랑곳하지 않고 명당만 운운하는 데 어려움이 있다고 할 것이다.

거짓 없이 베푸는
조상님들의 자손사랑

　　　　　　이장에 대한 명당 혈 운운 용진혈적 등 많은
이론과 이야기가 있는 것이 일반적 현상이지만 여기서는 전에 있던 자리
보다 좋은 자리인 경우를 간단하게 확인할 수 있는 사항을 몇 가지 적어보
고자 한다.

　무엇보다도 전에 있던 자리보다 좋은 경우라면 대략 3개월 이내에 아래
와 같은 좋은 현상이 나타난다는 것이다.

　첫째, 이장 일을 하기 전후 대략 2~3일 혹은 1~2주 전부터 나타나는 조
상님들의 자손들에 대한 선몽이다. 대부분 모습이 아주 깨끗한 옷을 입고
즐거운 모습으로 새집으로 이사를 한다면서 즐거워하는 모습을 보이는 등
여러 종류의 선몽이 나타나는 경우를 본다. 그리고 산소 일을 하기 전 준비
과정이나 또는 일하면서 진행되는 일들이 순조로움을 느낄 수 있으며, 혹

시 묏자리용 산이 없어 새로운 산을 구입하여야 할 때에도 하는 일들이 생각했던 것보다 쉽게 잘 진행됨을 자손들이 느낀다는 점이다.

둘째, 자손들의 우환 예를 들어 흔히 온몸이 쑤시고 아프거나, 끊임없이 두통에 시달려서 진통제가 없이는 생활할 수 없는 상태로 몇 년을 보내고 있는 경우 이장 후 며칠 이내에 신기할 정도로 사라지고 완쾌되는 등 회복에 대해 자손들이 신기함을 느끼게 되는 때도 있다.

셋째, 가족 간 불화가 끊이지 않았는데 이장 후 이러한 일들이 사라지고 화목하게 지내기 시작하게 되는 일도 있다.

넷째, 집안에서 해결이 잘 안 되어 아주 고민스러워하던 중 선몽 등이 있은 후 생각지도 못한 도움으로 해결되는 때가 있다.

다섯째, 집안의 각종 우환이 시간이 지나면서 악화되지 않고 서서히 개선됨을 가족들이 느끼게 된다.

이 외에도 여러 형태의 선몽과 기분 좋은 결과가 오랜 시간이 아닌 대략 3개월 안에 징후가 반드시 나타나기 때문에 이러한 징후가 없는 이장에 대해서는 명당 혈 운운, 용진혈적 운운은 단지 지사의 변명에 불과한 것이다.

이와 같이 불편한 자리에서 편안한 자리로 이장하게 되면 조상님들은 그 자손들의 노고를 무시하지 않고 최소한으로나마 이를 해결해주고 편안한 가정생활이 될 수 있도록 도와준다고 생각되는 사례를 자주 보아왔다. 이러한 좋은 결과는 반드시 생기를 찾을 줄 알아야 함을 다시 한번 더 강조하고자 한다. 이 생기는 용진혈적의 증거이기 때문이며 생기를 정확히 찾을 줄 모른다면 패철을 하루빨리 버리는 것이 그만큼 악업에서 빨리 벗어나는 길일 것이다.

풍수 한마디!

부득이하게 이장을 하여야 하는 경우 지사는 반드시 자손들에게 흐르고 있는 땅의 기운, 즉 지기의 감응을 살핀 후에 실시하여야 한 치의 오차도 없을 것이다. 자손들의 몸을 통해 흐르는 "기"를 살필 줄 모른다면 의사가 수술하여야 하는 환자에 대해 아무런 사전 검사도 없이 수술에 임하는 바와 같다.

취미로 풍수공부를 한다면
취미로 끝나야한다

풍수지리라는 학문은 일반 학문과는 확연히 다른 면모를 갖고 있다. 단순히 책을 통한 공부라 하더라도 정통한 지리서가 어느 것인지 알 수가 없어서 그 이해의 폭이 끝이 없다고 할 수 있다. 하물며 이러한 교재 위주의 공부가 전부라면 그래도 이러한 글까지는 쓰지 않았을 것이다.

세상에서 가장 머리 좋고 공부 잘하는 사람들이 선택하는 직업이라면 아마도 판·검사, 의사, 유명대학 교수 또는 연구원 등일 것이다. 이러한 과정은 아마 천재라 하더라도 최소 5년 이상은 밤을 낮 삼아 공부하여야 할 것이다. 그렇게 하여도 극히 일부만 목적을 달성할 수 있을 것인데 단순히 취미나 관심으로 공부한다면, 더 여기서 구차하게 이야기하지 않아도 이해가 될 것이다.

그럼 풍수지리라는 학문은 어떠하기에 이렇게 어려운 이야기를 하는 것인가? 필자가 생각하는 바는 첫째, 지사 일을 하시고 살아가는 분들의 운명과 그 자손들의 삶이 절대 바람직하지 않다는 것을 주의에서 보편적으로 인식할 수 있기 때문이다. 왜 그런가 하고 질문을 한다면 딱히 객관적 사실을 보여줄 수는 없지만, 누구도 부인할 수 없는 사실인 것은 틀림없다. 물론 필자의 추측은 있다. 만약에 영혼을 편안하게 할 수 없고 불편하게만 한다면 그 결과는 어떻겠는가?

둘째, 명확한 답을 얻기 위한 공부 방법이 세상에 존재하지 않는다는 것이다. 물론 독학으로 주경야독 등 여러 방편이 있겠지만 정통하신 선생님과 학습장이 제대로 없기 때문에 정확한 정설로 공부를 할 수 없다는 것이다. 물론 훌륭한 학식을 갖추고 있는 분들은 있으나 실전까지 겸비하여 중생구제를 하시는 분은 역시 만나기가 어렵다.

셋째, 학식과 경험은 미천하지만 그래도 불가의 화두처럼 한시도 마음에서 떠나지 않는 자세로 공부한다면 산에 대해 눈을 뜰 수 있게 되는데, 눈을 뜨고 보면 무서운 결과가 있다는 것을 알게 된다. 차라리 공부해온 것에 대해 후회가 생길 때도 많이 있다. 즉 명당 혈을 알아도 알려줄 사람이 세상에는 드물고, 이 또한 정확히 말하면 망인 자신의 자업자득이고 보면 아무 할 일이 없다. 단지 '아 그렇구나!' 하고 삶의 방향을 깨우친 것 외에는 아무것도 없다는 것이다. 지사는 세상에 필요 없는 존재이다. 전설의 고향에서처럼 자손들이 나무지게에 등짐을 져서라도 부모님을 모셔도 되기 때문이다. 이렇게 모시나 유명하다는 지사를 수만금 주고 모셔와 모시나 결과는 마찬가지라는 이야기다.

넷째, 그러나 진실로 공부를 하고자 한다면 죽어라고 해야 한다고 말하고 싶다. 옳고 그름을 떠나 정말 수도하는 스님이 도를 깨치듯 하여야 한다. 그 이유는 글로만 되는 것이 아니기 때문이다. 운명론도 해야 하고, 기감도 해야 하고, 스스로의 존재의식도 찾아보려고 해야 하고, 결국에는 우리네 삶과 우리네가 성인으로 추앙하고 있는 분들의 가르침 또한 왜 필요한지도 생각해야 하는 등…… 수없이 겪어야 하는 분야가 너무도 많다는 것이다. 이러한 것들이 글공부로만 되겠는가? 이 모든 것을 정통하게 깨달아서 이야기하는 것은 아니지만, 지금껏 경험들로 보아서는 이러한 것들과 연결된 것이 풍수지리라 생각하고 있기 때문이다.

그러나 취미나 관심으로 공부를 시작하였다면 성실히 노력하여 풍수지리가 우리 인간에게 무엇을 가르치고 있는가 하는 의미만이라도 찾는다면 너무도 좋은 결과를 얻었다고 말하고 싶다. 참 좋은 진리가 풍수지리 속에 있으니 이를 찾아 활용하기를 진심으로 바란다.

풍수 한마디!

풍수공부는 세월에 따라 비례하여 발전하지 않는다. 일부 학인 중 몇 년을 공부했네 하는 이야기가 많은데 절대로 세월에 비례하여 발전되는 법이 없다. 풍수지리는 증거를 찾을 수 있도록 꼼꼼히 살피는 노력이 필요하고 내가 살피고 찾은 증거가 바른 증거인지 피드백원리를 응용하여 실험하는 자세로 공부하여야 한다.

명당을 구하는 것은 좋지만
때로는 포기하는 것이 현명하다

풍수지리를 공부하여 조상님을 좋은 곳에 모시고자 하는 뜻은 말로 다 표현할 수 없이 좋은 일이지만 때로는 명당 혈을 포기하는 것이 현명하다고 말하고 싶다. 풍수지리를 공부하면서 명당 혈을 포기하라면 참으로 이는 언어도단일 것이고, 왜 이러한 이야기가 필요한 것인지 궁금하리라 생각된다.

이제 새해가 시작되었으니 아마 지금쯤이면 각종 명당 이야기가 나돌기 시작할 것 같다. 첫째는 낙엽이 떨어져 있어서 산의 모양이 잘 보이기에 명당 혈을 찾기가 좋은 계절이라고 할 것이고, 둘째는 지난해에 많은 공부를 하신 분들은 무엇인가 손에 잡힐 것 같은 마음에서 현장 답산을 기대할 것이고, 셋째는 삶의 하나로 풍수지리를 업으로 하는 분들은 새로운 삶의 시작을 기대할 것이고, 넷째는 지난해 조상님을 좋은 자리로 이장하고자 하였으나 각 종 이유 때문에 하지 못하고 해를 넘겼으니 좋은 길일과 명당 혈을 기다릴 것이다.

무릇 명당 혈은 사람의 계산으로는 답이 없다. 수많은 명당 혈이 여러 권의 비결 서에 전해오고 또한 존재하고 있으나 그러한 비결서가 기록될 당시부터 현재까지 이를 사용한 자리가 희박하니 이는 무엇을 말하는가 생각해볼 일이다.

필자는 명당 혈의 포기에 대해 이러한 관점에서가 아니고 다른 각도에서 이야기하고 싶은 것이다. 첫째, 명당 혈을 알아도 이를 구득하기가 어렵다는 안타까움이 있다. 명당 혈을 아는 사람치고 명당 혈을 포함하고 있는 산을 구득할 만한 여유 자금이 있는 분이 드물다는 것이다. 특히 집안에 우환이 있는 가정인 경우는 더욱더 어려운 일이다.

둘째, 설령 명당 혈을 포함하고 있는 장소를 알았다고 한들 그 한자리 외에는 모두 쓸모없는 산이 대부분인 것이 사실이다. 이러할 때 명당 혈자리에 한 분을 모시고 난 후 후손들이 정상적으로 나이가 들어 순서대로 돌아가시면 그 밑에 줄줄이 모시는 경우가 통례인데, 그 이후부터 시작되는 우환은 어떻게 풀어갈 것인가이다. 명당 혈 한자리 거금을 주어 구입했지만 후손들 입장에서 보면 명당 혈을 구하지 않음만 못한 것이다.

셋째, 둘째와 같은 이치가 세상에 보편화되어 있어서 많은 사람이 이의 결과를 알고 있다면 그나마 다행이지만 현실은 전혀 그렇지가 못하니 안타까운 일이다. 즉 아는 사람이 극히 드물고 설령 안다고 해도 알려주지 않으니 어찌하란 말인가?

넷째, 명당 혈을 구입하여 묏자리로 사용하고자 하나 이를 정확히 재혈하여 소기의 목적을 이루게 할 이론과 사람이 없으니 이를 어찌하란 말인가? 지리를 공부했다 한들 백인이 백색인 것을……, 이 중에 옳은 것을 결정하고 선택하는 것은 바로 나인데 내가 모르니 운을 택할 수밖에 없지 않은가? 많은 돈과 수고의 결과는 암흑 속에서 길을 헤매는 것과 무엇이 다르겠는가? 사실이 이렇다면 명당 혈을 운운하고 찾고자 하는 일이 얼마나 우습고 어리석은 짓인가? 물론 좋은 인연으로 좋은 명당 혈을 많이 활용할 수 있다면 더없이 좋은 일이다.

자, 여기서는 명당 혈을 버리고 세상에 널려 있는 무해무득 지를 구하라고 이야기하고 싶다. 무해무득 지는 말로는 쉬워도 일반인이 생각할 때는 알 수가 없는 땅일 것이다. 그러나 쉽게 표현한다면 양지바른 산 밑에 평평하게 있는 밭 자리라 말할 수 있다. 다시 말해 기울어지고 삐뚤어지고 그늘지고 음습하고 돌이 많은 곳을 말하는 것이 아니고 햇볕이 잘 들고 평평하여 어느 정도 균형을 잡고 있고 밝은 토색이 있는 땅이다. 이러한 땅은 그간 산행 중에 보니 아주 많이 남아 있다. 따라서 이러한 무해무득 지를 구입하여 온 가족이 오순도순 사후에도 행복하게 지낼 수 있는 터전으로 만든다면 좋을 것이다.

그러나 아직 이러한 땅에서의 장법이 일반화되지 않아 많은 의문이 있겠지만, 수맥파 등 유해파를 피하고 바른 장법에 따른 건수의 침입을 막고 좋은 길일에 가족 묘지를 만든다면 온 가족이 하늘이 준 복대로 우환 없고 행복한 삶을 살 수 있다고 확신한다.

풍수 한마디!

용을 찾는 데서 가장 중요한 것은 용맥의 행도 원리와 혈을 결지하는 원리를 생각하여야 한다. 용맥의 음양은 천연의 이치인 고로 제멋대로 우이굴곡하면서 혈이 생기는 것이 아니다. 용의 사세와 팔방은 그 맡은 바 책임이 있는 것으로 서로가 음양합일을 위해 존재하는 것이며 음양의 법도를 벗어나면 타인으로, 이럴 경우는 다시금 다른 용을 찾아야 한다. 즉 내 집이 아니고 남의 집이기 때문이다.

옛 지사들의 기록은 많은데
그 사례는 희귀하다

　　　　　　　　시중 서점에는 만산도, 해동명산록 및 손감묘결이
라는 명당 비결서가 시판되고 있으며 그 외에도 비밀문서처럼 보관하고
있다는 다른 비결서의 이야기를 많이 들었다. 또한 그 책 속에 나열되어 있
는 명당은 인구에 회자되어 각 지방마다 풍수적 전설을 간직하여 오고 있
다. 물론 믿거나 말거나지만 참 궁금하였다. 주로 거론되는 선사로는 도선
대사를 비롯하여 무학대사, 일지대사, 일이승대사, 토정 이지함, 격암 남사
고, 박상의, 이의신, 윤선도, 그리고 중국인으로 우리나라에 귀화하여 한세
상을 보낸 두사충, 봉안결을 지었다는 나학천, 성거사결을 남겼다는 성거
사 등 풍수지리분야에는 많은 대 선사라는 분들의 명당 답사기록이라는
기록들이 암암리에 전해오고 있다.

　　그러나 정작 이분들이 소점하고 묘를 써주어 발복했다고 전해 오는 사

례는 극히 드문 일이니 참 이상하지 않은가? 수많은 답산 비결록 중 일부를 확인해 보면 틀림없이 존재하는 것으로 확인되었으며 그것도 산 모양을 그린 도면은 놀라울 정도로 정확하게 그려져 전하는데 실제 그분들이 용사한 묏자리는 손으로 셀 수 있을 만큼밖에 전하지 않는다는 것이 이상하다는 것이다. 더욱이 이러한 장소에는 오래된 묵은 묘만 존재하고 있어 더욱 이상한 생각이 들었다.

여기에 대해서는 많은 분들의 의견을 구해보고도 싶다.

단순한 생각으로는 아마도 명당 혈에 들어갈 만한 사람이 세상에 많지 않아서라고 생각도 해 본다. 위 선사님들 중 특히 스님들은 사찰 내 신도들을 통해서라도 많이 알려졌을 것이며 또한 신도나 추종하는 분들로부터 묏자리 부탁도 많이 받았을 것 같은데 실제로 전하는 것은 극히 일부라 생각하니 궁금함은 더욱더 커진다.

아무튼, 비결서에서는 자의든 타의든 간에 이름을 싣고 전하고 있는 명당자리는 옛 고을마다 족히 20~30개씩은 되는 것 같은데 어찌된 일인지 사용된 자리가 없는 이유는 무엇인가? 과연 땅에는 임자가 따로 있다는 속설이 답인지 궁금하다. 정말 땅의 주인이 따로 있고 정말 적선적덕한 사람만이 들어갈 수 있어서 선사들이 사용하지 않았다면 시사하는 바가 크다고 하겠다.

그렇다면 풍수공부의 길은 풍수지리에 정통하도록 공부하는 것은 둘째이고 첫째가 사람을 볼 줄 아는 공부가 우선시되어야 할 것이다. 그런데 이는 지리서처럼 단편적인 책도 없고 아는 분도 없으니 아마도 불교에서 이야기하는 심안통이라도 해야 되는 게 아닌가 생각된다. 그렇다! 우리는 위와 같은 사실에 대한 원인을 찾아야 할 것이다. 그 원인이 앞에서 이야기하였듯이 단순한 이론과 형기 공부로는 알 수 없고 또한 이러한 자리를 차지할 수 있는 분은 부와 권력이 아닌 자연과의 인과 법칙에 있는 것이 아닌가 생각된다.

풍수 한마디!

재혈에서 호리지차의 차이는 생과 사와 같이 엄격하고 현저한 차이다. 그런데 작대기만 꼽아도 대 발음이 일어나기도 한다.
그렇다! 서로 다른 이 말이 동일한 이야기인 줄 알고 행할 수 있다면 풍수 공부는 다 한 것이다.

산천을 바로 보기 전에
엘 로드가 웬 말인가?

　　　　　풍수지리에서 혈을 정하는 점혈은 눈과 마음
으로 한다는 이야기가 있다. 말로는 간단한 것 같지만, 결코 간단한 이야기
는 아니다. 오랜 기간은 아니지만, 풍수지리 공부의 변화과정을 느낄 수 있
는 간단한 예가 하나 있다. 나이가 지긋한 70대분들은 『청오경』이나 『금낭
경』, 『입지안전서』, 일부는 『직지원진』이라는 풍수지리서를 주로 이야기
하는 모습을 볼 수 있고, 50~60대 정도에서부터는 주로 『직지원진』과 유
사한 『지리오결』의 장법을 주로 이야기하고 있으며, 40~50대에 들어서는
『지리오결』과 현공풍수를 위주로 이야기함을 볼 수 있다. 이것은 무엇을
의미하는가? 점혈의 어려움을 극복하기 위한 세대 간의 차이일 것이다.

　이렇게 해도 안 되고 저렇게 해도 안 되다 보니 새로운 학설은 지속해서
탄생하고 있음인 것이다. 여기다가 요즘에는 수맥탐지기라는 엘 로드나

추를 들고 혈의 정과 오를 구별한다고 하는 실정이다.

　어떠한 방법이든 정혈을 찾을 수만 있다면 더는 무슨 말이 필요하겠는 가? 그러나 현실은 이러한 발전과정에서조차 답이 없다고 생각된다. 무엇 보다도 풍수지리에서 찾고자 하는 '동기감응'이나 '탈 신공 개 천명'의 결 과를 얻을 수 있도록 하기 위한 혈을 찾기 위해서는 먼저 육안으로 용, 혈, 사, 수를 살필 수 있어야 한다는 것이다. 육안으로 용, 혈, 사, 수를 제대로 살핀다 함은 수십 권의 책을 통달하는 것보다도 어려운 것이다. 여기서도 글로 이렇다고는 표현할 수 없는 것이 안타까울 뿐이다. 하물며 산천을 눈 과 마음으로 살필 능력을 배양하지 않고 도구를 손에 들게 되면 이는 풍수 지리 공부의 한계에 와 있음인 것이고 더 이상의 발전은 없다고 단언한다. 이는 사람이 편리함을 추종하는 습성으로 자아도취되어 풍수공부가 발전 되는 것이 아니라 자기 합리화에 의해 진실한 지리이론을 깨우칠 수 없다.

　따라서 부지런히 산천을 살피고 형기와 이기를 공부하여 살펴보고 혈을 찾은 다음에야 이러저러한 도구나 방법론으로 확인해 보는 것이 바른길이 다. 산천을 바로 보기 전에 도구를 사용함은 풍수지리를 당장 그만두는 것 이 현명하다. 그렇게도 쉬운 것이 풍수지리라면 미신으로 치부되고 일반 인들로부터 혹세무민의 길이라고 버림받는 지금과 같은 풍수역사는 쓰이 지 않았을 것이다.

　무엇보다도 어렵고 힘들면 정도를 택하는 길이 가장 쉬운 길이라고 한 다. 많지 않은 풍수 고전으로부터 현재까지 적용하고 있는 이론서를 기본 으로 하여 산안이 열리신 선생님을 찾아 열심히 답산하여 마음의 눈을 뜬 다면 그리 어려운 일도 아닐 것이다. 중국과 달리 우리나라는 다양한 산의 형태가 가까이에 있는 금수강산이다. 공부하기 좋은 사례가 많은 것이다.

이러한 산천에 대해 눈이 떠야만 그 속에서 혈을 찾을 수 있기 때문이다. 혈을 모르고 기기를 사용하여 혈을 찾는다고 하는 것은 참으로 걱정스러운 일이다.

풍수 한마디!

풍수지리를 공부한다고 하면서 도구를 통해서 통달하고자 한다면 바른 도를 얻기 위해 열심히 기도하는 사람이 마구니에게 속고 있는 것과 같다. 마구니는 마음대로 움직이고 부릴 줄 알아야 속지 않는다. 그러기 위해서는 먼저 자연의 순수한 이치를 통한 풍수지리를 알아야 한다. 그런 연후에야 마구니인 도구도 부릴 줄 알게 된다.

이 말은 수백 번을 생각하고, 이야기해도 지나치지 않는다.

산소나 혈처의 사진 분석은
비현실적인가?

산소를 살피는 방법 중 하나는 그간 일반인들이 이해 못 하는 부분으로 사진에 의해서 판단하는 방법이다. 이 방법은 자칫 잘못하면 비웃음거리가 될 수 있다. 잘못 이야기하다 보면 괜한 미신 같은 이야기로 오해를 불러일으킬 수도 있다. 그러나 간단히 이 방법을 공부하는 길이 있음을 말해보고자 한다. 본인 역시 어떤 책이나 자료 또는 가르침 속에서 알고 있는 것은 아니다.

사진으로 산소를 감정하는 방법을 할 수 있는 분은 지금까지 한 분을 봐온 적이 있다. 100% 신뢰는 아니라 하더라도 결코 무시할 수 없는 객관적 사실임은 부인할 수 없다. 그러한 사실을 토대로 연구하다 보니 어느 정도 이해가 되었고 알 수 있게 되었다. 그러나 아직도 이 한 분 외에는 없다는 것을 전제하면서 몇 가지만 이야기하고자 한다.

첫째, 천연적 혈을 묏자리로 사용되어 손상되지 않은 정혈을 100군데 이상 답산하면 비혈과 구분이 있음을 알 수 있다. 즉 혈지의 모습과 비혈지가 무엇인가 말로는 표현하기 어려운 차이가 있음을 알게 된다는 것이다.

둘째, 정혈에 모셔진 묏자리로 거대하게 조성된 묏자리를 제외하고 100여 군데 이상 살피면서 비혈의 묏자리와 비교 분석하면 말로는 표현하기 어려운 차이가 분명하게 있음도 알게 된다는 것이다.

셋째, 정혈에서 나오는 기운(엘 로드나 각종 탐지기구로는 불가능함)을 자주 접하고 익히고 비혈과 비교를 하게 되면 분명 차이점이 있게 된다. 이러한 차이점을 익히고 꾸준히 검토분석을 하게 되면 어느 정도 사진을 보고 판단할 수 있는 능력이 생기게 된다.

넷째, 위와 같은 방법은 모두 정혈을 정확히 아는 경우에 습득될 수 있는 내용으로 쉽지 않은 일이지만 꾸준히 노력을 한다면 이룩할 수 있는 공부라 생각된다.

다섯째, 묏자리의 분석에는 반드시 그 집안의 내력을 확인할 수 있는 곳이어야 한다는 것이다. 그렇지 않고 어느 도구를 사용하여 공부한다면 비교 분석 등에서 100%에 가까운 오류만 있을 뿐이다. 즉 자손들의 삶을 통해 내가 비교 분석한 결과가 누구나가 인정할 수 있는 그런 분석노력이 필요하다.

따라서 사진에 의한 분석이 전혀 사실무근이고 비현실적인 일이 아니라는 것을 생각할 수 있다.

풍수 한마디!

풍수지리를 제대로 공부하고자 한다면 한 곳으로 내몰리지 말아야 한다. 즉 현재 알려진 지가서 중 이기법이 적용되지 않고 순수하게 말로만 이야기 식으로 써진 책들은 모두가 틀린 내용이 없다. 단지 한문해석이 어려울 뿐이지 내용이 어려운 것은 아니나 혈을 재혈하는 데는 어려움이 많다.

풍수지리에서의 좌향론과
패철에 대한 소견

　　　　　풍수지리 공부 중 간과해서는 안 될 사항으로 먼저 이론적 근거를 들 수 있다. 『청오경』 이후 많은 지리서가 출간되었지만 몇 가지만 이야기하고자 한다. 『청오경』에서 시작되는 좌향이론은 지금까지 발전과정에서 전혀 다른 면모로 발전하여 왔다. 이것이 무슨 연유인가를 이해하여야 공부가 진실로 될 수 있기 때문이다. 즉 학문 대부분은 같은 기조 위에서 발전하면서 새로운 부분에 관한 연구가 추가되는 것이 일반적이다.

　　그러나 풍수지리는 전혀 다른 방향으로 발전하면서 자기주장만 하고 있다는 점이다. 초기이론에서 현재까지 말로 표현된 것을 제외하고는 동질성을 가진 좌향이론은 없다. 이것은 풍수에 대한 정확성이 역사를 통해 없었다는 반증이다. 그렇지 않다면 후학들이 그 진의를 이어받지 못했다는 증거다. 하물며 옛날 선사들이니 유명지사니 하는 이야기는 좀 더 깊이 있게 생각해 볼 일이다. 그런데도 많은 명당에 용사되어 발음이 확인되는 역사적 사실은 있다. 시대를 따라 달리한 이론이 어떻게 결과는 같은 것인가를 생각하여야 한다.

이는 좌향이론에서 바르다는 이론 이전에 혈을 먼저 생각해 보아야 한다. 혈의 크기에 따라 좌향이론의 적부가 있게 된다. 즉 작은 혈은 패철을 통해서 10도 이상 옮길 수 없으나 큰 혈은 20도 정도 변화를 주어도 발음에 크나큰 차이가 없다. 그러나 좌향이론을 보면 1~2도의 차이에서부터 이론적 근거를 제시하고 있으나 이 점은 단순히 이론적 이론에 불과한 것이 아닌가 생각된다.

즉 좌향을 정하는 경우 한 좌향은 15도의 각도이나 이를 15도 이상 변화시키지 않는다면 정혈일 때 문제가 되지 않는다. 그러므로 좌향이론의 발전이 없었을 시기나 좌향이론이 발전한 현재나 모두 같은 발음을 볼 수 있다. 더욱이 1~2도의 정확성은 나침판을 조금이라도 사용해본 분이라면 신뢰하기가 어려울 것이다. 참고로 재혈과 좌향을 정하는 일에서 전혀 분금을 고려하지 않고 정좌로 정한다고 가정하였을 때 '壬坐 혈판에서 좋다는 풍수이론과 안산, 사격, 입수룡, 망인, 득. 파구 및 택일 등을 고려하여 癸坐나 丑坐로 결정하였다면' 이는 15도 이상 변화를 주는 것으로 혈판이 작은 경우는 자칫 혈을 버리는 우를 범할 수 있어 주의를 요한다.

따라서 좌향은 패철을 가지고 맞추는 것이 아니라 자연 그대로 만들어져 있는 혈의 좌향을 확인하는 것이다. 인위로 혈 주변의 사신사나 내룡 입수에 따라 또는 파구나 이기론적 해석에 따라서 무슨 좌향을 설정해야 좋다는 개념은 무의미한 이론이다. 혈은 좌향을 포함해서 혈증까지 모두 자연적으로 존재하기 때문에 이를 정확히 확인하여 사용하는 것이다. 패철은 이때 정말 혈을 잘 찾았는지 확인하는 도구에 불과하다. 현실에서는 이러한 점을 깨닫지 못하고 혈이 아닌 장소에서도 풍수의 법만 맞으면 무해무득하다고 하여 패철을 사용하여 좌향을 정하는데 이는 걱정스러운 설명이다. 좌향론에도 여러 가지가 있는데 어느 좌향론이 비혈지에서 패철로 맞추기만 하면 무해무득한지 아직도 모르겠고 궁금하다.

풍수 한마디!

바른 용법을 익히지 않고도 혈은 찾을 수는 있다. 그러나 용을 모르고 혈을 찾는다는 것은 말 그대로 나무의 줄기가 건강한지 병이 들었는지를 모르고 그냥 열매만 맺혔다고 하여 좋은 나무 열매라 생각하는 것과 다름이 없다. "용진혈적"이란 말을 상기하여야 한다.

변할줄모르는
풍수세상

혈의 위치는 정확히 모르고 24방위에 의한 평가
만으로 혈과 산소를 분석하는 사례를 접하게 되었다. 물형을 이야기하고,
엘 로드로 수맥이라는 것과, 조·안산과 좌향과 분금을 이야기하면서 산
소를 감정하는 사례다. 필자는 도무지 이해가 되지 않았다. 첫째는 땅속에
있는 망인과 분금의 관계이다. 분금은 광중 안에 망인을 최종 안장하는 경
우의 각도 조정이다. 이는 아직도 정설이 없다. 납음오행을 활용하여 상생
상극을 논한다는 이론이지만 기준이 되는 중심점이 사람마다 다르고 적용
또한 정말 그런 결과가 도출되는지에 대해 아무도 입증한 바가 없다.

그렇지만 동가홍상이라고 좋은 혈자리에서 분금까지 잘 조화를 이룬다
면 금상첨화일 것이다. 그러나 혈자리가 아닌 곳에서 그것도 봉분에서 확
인이 가능한 것인가이다. 어처구니없는 일일 것이다.

둘째는 당일 간산한 묏자리는 자기만은 엘 로드 사용의 일인자라고 자부한다는 본인 선친의 묏자리이다. 몇몇 지인들의 이야기로는 요즘 엘 로드가 없으면 지사가 아니라고 한다. 엘 로드는 중요한 물건이다. 그러나 이의 오용이 얼마나 많은 불행을 가져오는지 정말 걱정하지 않을 수 없다. 본인도 조석으로 다른 결과가 나오는 경험을 하면서 정작 이를 포기까지 했었던 기억이 난다. 물론 이에 대한 해결은 그 후 삼 년여의 고통 속에서 답을 어느 정도 찾았지만 지금도 조심스럽지 않을 수 없다. 물론 타고났다고 자부하는 분들도 있겠지만, 자부하고 있는 분들이라면 객관적 검증과 사례를 갖고 설명되어야 하는데 아직까지 몇 분밖에는 만나 뵙지 못했다. 오늘 이 묏자리 역시 안타까움만 남았고, 몇 년 안에 나타날 본인과 자손들의 우환을 걱정하지 않을 수 없음이 안타까움이다.

셋째는 아직도 풍수지리의 원리는 깨우치지 못하고 책의 내용만 가지고 주장하는 분들과 내용 자체도 무시하고 보이는 외형만 가지고 주장하는 분들이 대다수임을 보면서 많은 생각이 든다. 정말 무서운 것이 이것인데 삶을 살기 위한 방편으로 이를 오용이나 악용하는 모습을 대하니 걱정되지 않을 수 없다. 풍수지리가 좋다는 것은 보이지 않게 많은 분들이 흠모하고 생각하는 것이 현실이다. 그러나 이를 정확하게 아는 분들이 없다 해도 과언이 아닐 정도이다. 앞으로는 많은 분이 나타나서 목마른 갈증을 없애 주기를 바랄 뿐이다.

결국, 오랜 기간 이 길을 접해보았지만, 풍수지리 세상은 변한 것이 아무것도 없다. 단지 사용하는 도구와 내용의 적·부도 모르는 지가서의 범람 외는 별다른 변화가 없는 것이 안타까울 뿐이다. 공부하는 분들은 부지런히 노력하여 좋은 결과가 있기를 기원한다.

풍수 한마디!

진실로 풍수지리를 알고 있는 지사는 화가나 서예가가 붓을 탓하지 않듯 지리서나 패철을 탓하지 않는다. 따라서 공부는 스스로 탓하지 않는 자신을 만들어야 한다. 용에는 단순히 산의 정상에서부터 흘러내려 와 우이굴곡만 하면서 진행하는 것만 있는 것이 아니라 계단을 이루면서 내려오는 용도 있음을 알아야 한다. 이와 같은 산천의 오묘한 이치는 글로만, 패철로만은 알기가 어렵다.

풍수를 통해서 보는
인과의 정확성

조상 없는 자손은 없다! 불가에서는 가장 긴밀하고 소중한 인연을 부모와 자식 간이라고 하며 이는 말로 다 표현할 수 없을 정도의 인연이라고 한다.

여기서 불가에서 이야기하는 인연만큼 되는지는 정확히 모르나 풍수지리를 통해서 알게 된 인연의 결과는 너무도 크고 중요했다. 더욱이 이 모든 것은 세상 사람들이 쉽게 생각하는 일반적인 논리와는 전혀 맞지 않는다는 것도 알게 되었다. 즉, 돈만 있으면 다 된다든지, 나의 주변에 권력과 힘이 있는 사람이 있으면 모든 일을 쉽게 이룰 수 있다는 등 이러한 일들은 전혀 풍수와는 맞지 않는다는 것이다. 한 예로 어느 가정의 선산에 가서 10여 기의 묘를 감정하면 8~9개는 잘못 모셔져 있고 1~2기만 무해무득지에 모셔져 있음이 확인되었다. 동행인에게 "이 묘는 잘 모셔졌네요!"라고 말을 하니까? 첫마디가 "아 그래요 그 묘도 잘못되었다는 묘와 같이 동일한 지관이 모셨다는데요."라고 한다.

너무도 이상하지 않은가? 그 지방에서는 꽤 알려졌다는 동일 지사의 솜씨인데 어떻게 묘 쓰는 방법에서 차이가 있을 수 있을까? 즉 10여 기 중 한두 기는 해가 없이 잘 모셔졌는데 나머지는 왜 잘못 모셔졌는지 이상하지 않을 수 없다. 이런 생각이 스치던 중 다른 동행인이 한 마디 더 덧붙인다. "맞아요! 잘 써졌다는 그분은 돌아가셨어도 아마 좋은 곳에 가실 거예요." 왜냐하면 평생을 너무도 선하고 후덕하게 살아오셨으며 많은 어려운 분들을 돌보고 사셨다고 한다. 어느 한 가정에 관한 단순한 사례지만 실제 이와 같은 사례는 너무도 많았고 거의 예외가 없을 정도의 이야기였다. 그러면 우리는 여기서 중요한 그 무엇을 생각할 수 있지 않은가?

편안한 자리에 들어가기 위해서 우리는 어떠한 삶을 살아야 하는가 하는 것이다. 편안한 자리가 아니면 어떤가라고 생각한다면 별수가 없지만, 자손 된 도리에서 조상님을 편안한 자리에 모시는 일이 우리 풍속의 첫째가는 미덕이며 최고의 도리가 아닐는지! 이에 더하여 편치 않은 자리에 모신 집안에는 그 산소와 관련 깊은 자손에게는 어김없이 우환으로 큰 고통을 받고 있다는 사실이다. 비록 풍수지리에서 이야기하는 동기감응원리가 있다고는 하지만 이는 놀라운 일이 아닐 수 없다.

편안한 자리와 염이 들어가서 고통받는 자리에 의한 결과가 자손들의 삶의 모습과 유사하게 일치한다면 우리는 이를 어떻게 생각할 수 있는지 묻고 싶다. 이는 우리가 한세상을 어떻게 살아야 하는지를 명확하게 보여주고 있는 증거라고 이야기할 수 있을 것이다.

우리는 우리가 낳고 기른 자식들이 행복하게 잘 살기를 얼마나 노심초사하며 열과 성을 다하여 기르고 있는가? 이러한 노력의 결실은 지금 노심 초사하고 있는 현재의 우리의 삶의 결과에 달려 있다는 것이다. 즉 나의 선한 삶은 내 자손들을 복되게 하고 나의 탐욕적 삶은 그와 비례하여 내 자손에게 우환으로 남겨지니 이는 정말 무서운 일이고 현재 우리가 살고 있다는 세상살이에 어쩌면 회의감까지 갖게 하기도 한다.

이처럼 풍수지리에서 이야기하는 효와 적선적덕의 결과와 이에 대한 동기감응의 결과를 눈앞에서 바라보고 있는 듯 명확하게 느끼고 보니 새삼 풍수지리가 놀랍고 두렵기조차 하다.

풍수 한마디!

풍수지리는 오직 100점만 있을 뿐이다. 99점이라는 것은 있을 수가 없다. 일촌 차이의 길흉화복이 천 리와 같이 큰 차이가 있기 때문이다. 중국에서 오래전에 발간된 자리서나 우리나라에서 암암리에 전해진 것 중 대부분 변함이 없는 내용이 10개의 묏자리 중 하나만 발음이 있고 9개는 묵묘라는 사실이다.

현장 사례로 보는
풍수지리의 힘

가냘픈 인간으로서 이해할 수 없는 결과가 조상님의 유택에서 비롯된다. 이것이 땅의 역량이고 땅이 가진 경이로움인지 모르겠다. 많지는 않지만, 지금까지 이장경험을 통해서 나타난 일들을 볼 때 참으로 경이로움이 아닐 수 없고, 더 나아가 단순한 우리네 인간의 생각으로는 해결할 수 없었던 일들이 해결됨을 보면서 풍수지리와 조상님과 조상님 유택의 중요성을 다시 한번 생각해 보고자 한다.

첫째 사례는 몇 년 동안 사기사건으로 억울한 송사사건에 연루되어 사전에 치밀하게 준비된 객관적 증빙을 갖고 있던 상대방에게 고등법원까지 패하였으나 우연히도 아버지와 조부모님을 이장한 후 대법원으로부터의 재조사 조치와 그리고 최종 무죄판결! 그 후 집안 부채정리를 위한 일들에서 생각지도 못했던 도움을 받아 죽음까지 생각했던 집안에 새로운 희망

이 보이는 사례이며, 둘째 사례는 잘 살고 화목했으며 그 마을에서는 모든 사람이 부러워하던 집안이 조모님이 돌아가신 지 7, 8년이 지나면서부터 형제간에 반목과 생각하기도 싫을 정도의 원한관계까지로 변해가고 있었던 차에 조모님을 이장하고 한 달여 만에 오해의 싹이 풀려 다시금 화목한 가정으로 돌아가고 있는 사례이며, 셋째 사례는 결혼 후 10여 년이 지나자 우환의 시작으로 이혼과 동시 홀로 두 자녀를 키우는 어려움과 본인의 육신에 병명을 모르는 아픈 통증이 있었고, 이 육신의 통증은 너무도 심하여 종합병원을 전전해도 효과가 없었으며 더욱이 밤에는 고통으로 잠을 잘 수가 없었던 날이 한두 해가 아니었다고 한다. 그러다 이장 전날 필자에게 농담처럼 부탁하기를 제발 몸 좀 안 아팠으면 하는 것이 꿈이라고 이야기를 하였는데 이장 다음 날 자신을 의심하는 일이 일어났다고 한다. 언제 몸이 아팠었는지 모를 정도로 신기하게 회복되었다고 하는 사례이다. 무엇으로 해석하여야 하며 또 어떻게 해석하여야 하는가? 이러한 원인이 없어진 이유를 필자 역시 설명할 수 없다.

이 외에도 많은 사례가 있으나 모든 사례를 여기에 다 기록하는 것은 무리일 것이다. 단지 몇몇 사례를 통하여 이장을 시행한 집안마다 그 가정의 우환형태에 따라 예외 없이 개선되는 징후가 있음은 단순한 지리서나 일반적 의술 또는 지식으로는 설명할 수 없는 일일 것으로 생각된다. 이것은 간단하나마 풍수지리가 아니, 땅이 가진 경이로움이 아닌가 생각된다. 그러면 이렇게 경이로움을 간직하고 있는 땅을 어떻게 잘 활용하여야 할 것인가인데 이러한 막중대사 작업을 수행하여 어려운 가정의 삶을 구제하여 주는 분이 바로 풍수지사인 것이다. 이와 같이 지사가 하는 일은 일반인들은 도저히 쌓을 수 없는 크나큰 공덕을 쌓고 있는 것이다.

풍수 한마디!

풍수공부를 하다 보면 여러 가지의 장애가 따르게 된다. 그중에서도 가장 큰 장애는 자기만이 옳다는 것과 이 이론만이 정확하다고 하는 편견이다. 혈을 아는 데는 많은 이론이 필요하지 않다. 많은 실증적 관찰을 통해 혈의 생성원리를 터득하면 쉽게 이를 구별할 수 있으나 이를 지리서를 이해하여 습득하기란 오히려 어려운 일이다.

03

풍수지리는 과학이다

풍수지리학의 연구방향

풍수지리를 공부하면서 많은 분은 우리나라의 산맥이나 지형의 모습을 인터넷 지도나 간단하게 구입할 수 있는 1/5천 지도, 1/2만 5천 지도, 1/5만 지도를 이용하여 파악하고 있다. 그리고 조금은 혈에 관해 공부한 분이라면 와, 겸, 유, 돌, 선익, 전순 등 풍수지리에서 중요시하는 형세적 요소들을 어렵지 않게 이야기하고 구별할 수 있다.

그러나 이러한 이야기를 하고 싶다. 이렇게 간단한 사항을 풍수지리로 인식하고 장황하게 설명함은 모든 것을 이해한 듯하지만 풍수지리에서 이야기하는 좋은 결과는 왜 없는가이다. 이러한 형세적 관점만으로 정답이 나왔다면 이는 우연히 맞아떨어졌다고밖에 볼 수 없다. 이러한 "우연"이라는 것은 풍수지리가 아닌 것이다.

풍수지리는 "동기감응"에 의한 실증적 자연과학이다. 따라서 실증적 자연과학이라는 것을 입증할 수 있는 공부가 풍수지리공부의 요체일 것이다. 현실은 이 부분에서 아직도 객관적인 연구가 미흡하다고밖에 이야기할 수가 없다. 아니 전무하다고 해도 과언은 아니다. 그러면 실증적 자연과학임을 입증하기 위한 공부는 어떻게 하여야 하는가가 중요하다.

이에는 먼저 형세적 원리와 이기적 원리가 존재하고, 정확한 이기의 적용 또한 형세와 일치하게 된다. 그렇지만 무엇보다도 중요한 것은 눈으로 명확하게 확인할 수 있어야 한다. 즉 '개안'을 해야 한다는 것인데, 깊이 있게 생각해볼 일이다.

개안이 없이는 정확한 형세도, 이기도 적용할 수 없다. 풍수지리를 실행하는 것은 형세적 원리와 이기적 원리를 결합해서 좋은 길지를 찾아 산 사람은 편안한 생활공간을 만들어 살아가고, 돌아가신 분에게는 편안하게 영면할 수 있는 묏자리를 만들어 모시는 것인데 이에 가장 필요한 것이 개안이다.

그리고 많은 사람이 유용하게 활용할 수 있도록 하기 위해서는 학문적으로 이론적 체계의 정립을 생각할 수 있을 것이나, 이는 이미 1700여 년 전 청오 선생이 지었다는 『청오경』과 곽박 선생이 지었다는 『금낭경』에서 틀림없이 이야기하고 있는 것이다. 단지 오늘날에 이를 정확하게 재현하여 입증하고 실행하지 못하고 있는 현실을 직시하여야 할 것이다.

이들 책에서 이야기하는 실체는 조상님을 편하게 모시고자 하는 마음으로 좋은 위치의 선정이고, 그다음에는 그로 인한 자손들과의 인과이다. 즉 조상님들은 돌아가심으로 모든 것이 끝나는 것이 아니라 돌아가신 후에도 땅을 통해 자손들과 지속해서 관계를 유지하고 있는 것이다. 이러한 중요한 사실이 있음을 밝혀서 조상님과 자손들이 편안하고 행복한 삶을 영원히 살아가게 하기 위해 나타난 것이 풍수지리학인 것이다. 부단한 노력으로 모두가 행복하기를 기원해 본다.

풍수 한마디!

묏자리의 광중에 들어오는 물은 광중 바닥에서도 들어온다는 사실이다. 아무리 훌륭한 장법도 바닥은 생석회 등으로 메우지 않고 묘를 쓰기 때문에 이를 피할 수 없다. 정혈처가 아니라면 회곽을 아무리 훌륭하게 만들었다고 해도 물의 침입을 막을 수는 없다.

풍수지리
공부의 본질

일반적으로 풍수공부에 관심을 두게 되는 이유를 찾는다면 첫째는 어른들에게서 어릴 때부터 들어온 집안 산소에 관한 이야기에서 시작되는 경우도 있고, 둘째는 살아가면서 묏자리에 대한 발음과 우환에 대한 주변의 간접적 이야기를 통해서 경이로움과 의구심 속에 풍수지리를 생각하는 경우, 셋째는 자기가 사는 삶의 어려움이 조상님의 산소와 연관은 없는가라는 의문점에서, 넷째는 조상님에 대한 효심에서 접하게 되는 경우 등 여러 이유가 있을 것이다.

그리고 풍수지리를 접하고 공부를 하다 보면 이론학습이나 현장학습에서 일정한 방법론이 없기 때문에 어려움에 부닥치게 되는데, 무엇보다도 그 어려움의 첫째는 지리서가 수십 종이라는 데서부터 시작된다. 이렇게 많은 지리서 중 어느 것이 정통하다고 하는 결론이 없으므로 과연 어느 책을 들고 시작하여야 하는가이다. 둘째는 어떻게 배워야, 어느 스승을 찾아야 잘 배울 수 있는가이다. 이 부분 역시 공개적인 교육기관은 얼마 전까지만 해도 전무하고 일부 관심 있는 사람들에 의해 도제식으로 전해져 왔다. 요즘에는 일부 대학에서 학과를 개설하여 운영하고 있어 그나마 다행이라고 생각된다. 아쉬움이 있다면 좀 더 일찍 이러한 교육제도가 존재하지 못했다는 것이다.

그러나 필자는 우연인지는 모르나 스승도 풍수서도 선정받지 못하고 그냥 독학으로 공부하다 보니 어려움이 한둘이 아니었다. 그렇지만 무엇보다도 중점을 두고 노력한 부분은 실증을 찾고 이를 객관적으로 확인하고자 하는 부분이었다. 그러한 노력의 결과로 알게 된 중요한 사실은 풍수지리 공부 속에는 인과와 중생구제의 길이 있다는 것을 알았다. 아마 이 길이 풍수공부의 본질이 아닌가 생각된다. '중생구제의 길'이라 하여 거창한 내용은 아니다. 살아가는 삶이 어렵고 우환에 시달리는 선량한 가정을 조금이라도 구제하는 방법이 될 수 있다는 점에서 이 용어를 사용하고 싶다. 즉 명당 혈은 아니라 하더라도 자손들에게 해가 되지 않고, 묫자리 역시 염이 들어가지 않아 조상님의 유해가 편안한 자리를 알기 위한 방법이다.

따라서 어렵고 힘들지만 잘 극복한다면 많은 분에게 좋은 일이 될 것이고, 그만큼 세상 사는 맛도 향기로울 것이다. 이론도 중요하지만, 무엇보다도 산천을 자주 대하고 하나하나의 생김생김에 대한 원리를 깨닫는 기초공부를 충실히 하여야 한다. 요즈음 화장 문화가 발전한다고 하여 풍수지리가 사라지는 것은 아니다. 꼭 돌아가신 조상님뿐만 아니라 살아 있는 사람의 가정 역시 소중한 공간이다. 이 소중한 공간이 편안한 장소가 되지 못한다면 이 또한 편안한 삶을 지속하기가 어렵다. 아이들 공부방이나 부부가 잠을 자는 방은 편안하여야 한다. 잠을 자고 나면 몸은 가볍고 마음은 즐거워야 한다는 것이다. 이러한 사소한 것까지 풍수지리가 적용되어야 함을 생각할 때 풍수지리가 품고 있는 본질은 인간의 삶과는 아주 긴밀하다고 할 수 있다.

풍수 한마디!

풍수지리를 공부하여 실행하기 전에 반드시 선행되어야 할 것이 있다면 이는 자신을 다스릴 줄 아는 마음을 수련하는 일이다. 이 한 마음을 바로잡지 못한다면 풍수공부를 할 수가 없고, 풍수공부를 한들 집안만 망치는 공부가될 것이다. 천지에 널려 있는 좋은 자리는 지금까지 고인이 된 분들보다 더 많이 남아 있다. 서두르고 욕심낼 일이 아니다. 인과가 있음을 많은 분이 이야기했듯이 이것이 사실인 것이다.

풍수공부는 기본이 중요하다

풍수지리를 공부하다 보면 많은 고민과 어려움을 만나게 되는데 이를 극복하기 위해서는 기본에 충실하여야 한다. 기본에 충실하여야 한다는 것은 수많은 이론이 정혈을 앞에 놓고 시작되기 때문이다. 이를 크게 나누어 보면 한 분야는 이기론 분야일 것이고 또 한 분야에서는 형세론 분야일 것이다. 형세론이든 이기론이든 혈을 정확하게 모르고서는 아무것도 쓸모가 없다. 여기서 이렇게 이야기하는 것이 풍수공부에 대해서는 역설적 이야기로 들릴지도 모른다.

왜냐하면, 형세론, 이기론 하는 분류는 혈을 찾는 방법론인데 먼저 혈을 알지 않고서는 형세론이든 이기론이든 쓸모가 없다고 이야기를 하고 있으니 말이다. 그러나 그렇지 않다는 것을 여기서 설명하고자 한다. 앞에서는 개안이 되어야 한다는 이야기를 한 바 있다. 개안은 곧 혈을 안다는 것이다.

따라서 형세론의 중요성은 아무리 강조해도 지나치지 않지만 형세론적 사고에 대해서는 특히 답이 없음을 종종 보게 된다. 이는 이기론에 앞서 육안으로 확인하는 것으로 공부를 한 사람이나 하지 않은 사람이나, 정답이든 아니든 간에 보고 판단하는 관점은 서로가 다르다 하더라도 산천의 형상을 볼 수 있기 때문이다. 처음에는 보이는 대로 서로가 다르지만 새로운 눈을 뜨고 다시 보면 동일하기 때문이다. 동일한 안목이 된 후에야 이기론을 적용할 수 있기 때문이다. 이기론의 적용은 곧 형세적 판단의 정확성 여부를 결정짓게 된다.

그러나 대부분 사람들은 이 두 방법론은 전혀 관계가 없는 것으로 무시하든지 아니면 하나만 옳다고 주장하든지 한다. 형세론이든 이기론이든 객관적이고 과학적으로 증명할 수 있어야 오류가 없을 것이고 신뢰성이 생길 것이다. 그렇지 않고 단순히 육안과 나침반만을 사용해서는 절대로 정혈을 이야기할 수 없다. 요즘 유행하고 있는 제반 풍수이론들도 정혈을 모르고, 형세적 안목을 얻지 못하고서는 무용지물이다.

즉, 모든 풍수적 관점의 시발점은 정혈을 앞에 놓고 시작되어야 올바르다 할 수 있다. 정혈을 정확히 알지 못하고는 아무리 훌륭한 이론을 적용한다 한들 이는 밑 빠진 독에 물 붓기 식이며 더욱이 무용지물을 넘어서 화를 자처하는 지름길이다. 형기를 통한 안목을 키우고 많은 이론을 현장에서 대입하여 확인하는 등 기본에 충실한 연후에, 즉 혈을 정확히 안 연후에 이의 사용방법이 풍수지리의 효과적인 공부방법인 것이다.

그러나 현실은 어떠한가? 혈을 정확히 알기 위해서 먼저 형세와 이기를 공부하지만, 정작 혈은 알지 못하고 형세와 이기를 적용하여 혈이라 합리화하고 있지 않은가? 따라서 공부를 통해서 정확한 혈을 알고 이를 실수 없이 사용하기 위해서는 다시금 형세와 이기를 적용하여야 한다. 그런 연후에 제대로 된 혈자리임을 확인할 수 있다. 다시 한번 더 강조하지만 아무리 좋은 이론도 형세적 안목을 키웠다 해도 혈을 모르고서는 무용지물이다. 정혈을 알고 난 연후에 이 정혈을 실수 없이 사용하는 한 방법에 불과한 것이며 또한 이의 발음을 논하는 것이다.

이처럼 거꾸로 역설적으로 설명하는 이유는 풍수서와 풍수지리 공부가 현재 정통하지 않기 때문이다. 풍수서를 공부하여 그대로 실행하면 실패만 있고, 가르침을 받아서 또 그대로 해 보면 실패만 있기 때문이다. 즉 풍수공부는 다른 공부와 달리 지리서를 통한 공부로 혈을 찾는 방법을 연마하고, 혈을 알고 나서는 다시금 지리서를 참고하는 것이다. 이유는 혈을 알아야 세상에 많은 지리서의 옳고 그름을 판단하여 적용할 수 있고 또한 어느 방향에서 집필되었는가를 구별하여 실수 없이 응용할 수 있기 때문이다. 단지 많은 사람이 공부하는 지리서라는 이유만으로 아무거나 확인 없이 선택한다면 지리서 내용을 적용하는 방법에 크나큰 어려움이 있게 됨을 조심하여야 한다.

풍수한마디!

풍수지리는 생기가 모여 있는 장소를 찾는 것이다. 이를 찾고자 한다면 많은 노력과 연구가 필요하다. 무엇보다도 어느 정도 공부가 되었다고 한다면 정말 내가 혈을 아는지, 잘 찾았는지를 거꾸로 확인할 줄 알아야 한다.

풍수공부를
잘하기 위해서는

풍수지리 공부방법에는 여러 방법이 있을 것이다. 스승을 모시고 배우는 방법, 홀로 독학하면서 배우는 방법, 이 두 가지를 겸비하여 배우는 방법, 산에 들어가 기도를 통하여 익히는 방법 등 다양할 수 있다.

이 중에서 가장 좋고 쉬운 방법이라면 아마도 스승을 찾아 배우는 방법이 아닌가 생각된다. 그렇지만 이러한 질문을 스스로 해 보라고 이야기하고 싶다. 정말 나에게 가르침을 주시는 스승은 명당 혈을 정말로 아시는 분이신가? 그리고 더 나아가 공부를 하시는 분들에게 참고 될는지는 모르지만 이러한 이야기도 하고 싶다.

첫째, 스승을 통해서는 풍수지리의 글자해석과 기초적 형세판단 이상은 신뢰해서는 안 된다는 것이다. 이유는 스승이라는 분이 잘못이라서가 아니라 그 스승 역시 전통적으로 기본적 이론과 형세만이 전부인 것으로 알고 배웠기 때문이다. 풍수지리의 정통한 교육은 문자와 말로 되지 않고 눈으로도 되지 않는 이치가 더 있기 때문이다.

그러나 나에게 기본적이나마 가르침을 주신 스승님을 절대 폄하해서는 안 된다. 스승의 진실한 가르침을 기초로 스스로 터득하여야 한다는 것이다. 불교의 가르침 중에서 들은 이야기가 생각난다. '부처가 나오면 부처를 죽여라' 역시 스승과 지리서가 이러하다면 지리서와 스승을 버려야 풍수지리는 내 것이 된다고 할 수 있다.

둘째, 실험정신과 객관적인 결과를 찾는 노력을 게을리 해서는 안 된다. 공부가 어느 정도 익어 가게 되면 자신감도 생기고, 묘도 써보고 싶고, 장지에서 훈수도 하고 싶고, 인터넷에 자기주장도 하고 싶고 등등, 조급한 마음이 앞서기 마련인데 이 모든 것은 부질없다는 것이다. 내가 공부한 사실에 대해 객관적 결과를 확인할 수 없다면 모두가 혹세무민하는 사람으로 정말 사람만 버리게 되니 이 점을 명심하여야 한다. '지사 자손 잘되는 집 드물다'는 이야기를 상기하여야 한다. 그리고 이러한 객관적 사실은 지리서에서 은유적으로 표현하고 있는 생기와 '재 속에서 실오라기 하나를 찾는다!'라는 것을 객관화할 수 있어야 가능한 것이다.

셋째, 한 가지라도 배움을 통해 얻었다면 그 은혜는 클 것이다. 다시금 이야기하지만, 스승을 절대 폄하해서는 안 된다. 그리고 스승의 가르침에 누가 되지 않도록 몸과 마음을 다스릴 줄 알아야 한다. 스승보다 실력을 높일 수 있어야만 제대로 된 제자이고 풍수공부를 했다고 할 것이다. 이러한 깊은 뜻을 풍수지리는 품고 있으며 이것이 또한 '탈 신공 개 천명'을 하는 길이 아닌가 생각된다.

탈 신공 개 천명은 아니라 하더라도 집안은 개선되게 하여야 진실로 공부가 된 것이 아니겠는가? 스승 역시 예전의 배움이기 때문에 가르침 속에 있는 분들은 반드시 스승을 뛰어넘지 못했다면 제대로 공부가 되지 않았음을 알아야 한다. 반드시 공부가 제대로 되었다면 스승을 뛰어넘을 수밖에 없는 것이 풍수지리의 현실이다. 즉 풍수지리 공부는 청출어람이 되어야 진실하다고 할 수 있다.

풍수 한마디!

풍수지리를 공부한다고 하면서 이기를 무시하는 사람이 많다. 풍수지리 이전에 우주의 생성원리를 동양에서는 무극을 시작으로 음양과 사상, 팔괘 등으로 이야기하고 있는데 그 속에 있는 풍수지리는 왜 무시하여야 한다고 하는 것인가? 풍수는 형과 이가 동일함을 알아야 한다. 용맥이 우이굴곡해도 이곳에도 이기적 법도가 있고 혈을 찾아 안장할 때도 그 법도가 자연 속에 있는 것이다.

현장공부 방안에 대한 의견

늦가을 날씨가 너무도 맑고 쾌청하지만 조금은 쌀쌀함을 느끼게 하는 날씨다. 한 주일의 지루하고 힘든 교육을 마치고 나니 더욱 산이 그리워지고 보고 싶어 급히 집안일을 돕고 차를 몰았다.

오늘은 풍수지리학계에서 많은 노력을 기울이고 있는 분과의 만남도 기대되어 다른 날보다 마음을 설레게 하는 그런 산행의 시작이었다. 그리고 모 학회에서의 답산 실습도 그곳에서 있다고 하니 더욱 설레었다.

오랜만의 만남에서 반가운 인사를 나누고 난 후 학회에서 오신 분들의 공부 행태를 유심히 살펴본즉슨 현장에서 실시하는 공부에 아쉬움이 있었다. 따라서 현장공부 방안에 대해 이러한 제안을 해 보고 싶은 것이다.

풍수지리는 첫째, 조용하고 급하지 않은 마음으로 산과 자신과 동일한 마음이 되어야 좋다고 생각하는데 학회의 현장공부는 사람이 많은 것도 원인이 있겠지만, 혼란과 각자의 주장과 정돈되지 않은 공부 방향으로 조금은 아쉬움을 느끼게 하는 모습이었다.

산행공부는 풍수지리를 익히는 데 빠질 수 없는 과정이다. 이는 의사가 6년간 이론공부를 마치고 인턴, 레지던트의 전문 실습과정을 거치면서 실력을 연마하는 것과 같은 공부과정으로 생각된다. 따라서 이론공부에 열중하면서 서로 뜻이 맞는 몇 분과 고명하신 선생님을 모시고 최소한 주말마다 한 삼 년 동안 현장공부를 한다면 산천을 볼 수 있는 눈이 밝아질 것으로 생각된다. 그래야만이 현장을 이해하고 풀어갈 수 있다. 그런데 오늘 답산에서 본 공부형태는 단순히 흥미 위주의 현장학습이란 표현이 적절할 듯싶었다.

풍수공부는 현장공부이지 책상에서 하는 이론공부가 아니라고 할 정도로 중요하다. 사실 이론을 몰라도 혈의 생김과 혈의 존재를 육안으로 깨우친다면 이론은 아무런 쓸모가 없다고 할 정도이다. 현장공부가 정확하면 지금 세상에 나와 있는 지리서의 옳고 그름을 스스로 분별할 수 있을 것이며, 이러한 분별의 시작이 없이는 현재의 환경에서 좋은 결과를 얻기는 어려울 것이다. 현장공부에 충실하자! 명혈이라고 만인이 인정하고 또한 자손들의 발음이 확실한 묘지라면 수십 번, 아니 수백 번이라도 답사하여 혈의 생김은 물론이고 용, 혈, 사, 수를 정확히 관찰하는 자세가 실력을 연마하는 데 많은 도움이 될 것이다. 아직 묘를 쓰지 않은 천연적 혈을 아는 분이 있어서 이를 활용할 수 있다면 아마도 이보다 더 좋은 실습공부 현장은 없을 것이다.

풍수 한마디!

풍수지리에서 '여기 같다!'는 표현과 '여기다!'라는 표현은 하늘과 땅같이 큰 차이이다. 제대로 공부한 분은 말없이 잘 살펴보고 난 후 바라만 보든지 아니면 '여기다!' 하고 만다. 공부가 덜 된 분은 한참을 찾아보고 '여기 같다!'라는 표현을 한다. 이는 무서운 차이이다.

풍수공부 중
간과하기 쉬운 실체

일반적으로 풍수지리를 공부하는 중이거나 공부가 웬만큼 성숙하여 산소 일을 하고자 할 때에 어김없이 나오는 이야기가 주변 사람을 포함하여 정혈과 발음이라는 단어라고 생각된다.

그러나 절대 그렇지 않다는 것을 공부하시는 분들에게 이야기하고 싶다. 정혈은 사람들이 만나서 이야기하는 것과 같이 널려 있는 것이 아니다. 즉 몇 만 평의 산중에 과연 혈이라고 이름 붙일 수 있는 자리가 불과 열 개도 채 안 되는 것이 사실일 것이고 더욱이 이 중 많은 부분은 조상님들의 묘지 때문에 사용할 수 없는 경우도 허다하다. 더욱이 이장이나 초장 시 이러한 선산이 있는 분들은 그나마 다행이지만 그러하지 못한 가정도 훨씬 많음을 볼 수 있다.

풍수공부는 혈을 정확히 찾아내고 이를 사용하여 조상님의 체백을 편안하게 모시고 그 결과 자손들의 평안을 기원하는 것이라는 것은 두말할 필요가 없다. 그러나 갖고 있는 산이나 밭이 풍수지리에서 말하는 혈의 요건을 갖추고 있는 땅이라고 할 수 없는 땅이라면 이를 어떻게 이용하여 산소를 조성할 것인가이다.

이러한 문제를 해결할 수 있으려면 무엇보다도 기초를 통한 공식적인 풍수공부를 철저히 한 후 응용능력을 연마하여 땅속에 흐르는 유해파라 할 수 있는 살기를 살필 줄 알아야 한다. 그리고 모든 땅에는 생기가 흐르고 있다는 사실도 알아야 하며, 이 살기와 생기는 서로 보완관계로 이루어져 음양오행의 협력관계처럼 되어 있고 이의 짜임은 정형화되어 있지는 않으면서도 어느 정도 정형화되어 있다는 것을 알아야 한다는 것이다.

또한, 살기는 평지일수록 약하며 산악지역이나 경사가 급할수록 강하다는 것을 알아야 한다. 무어라 단언할 수 없는 이 생기와 살기의 구별은 풍수지리 공부를 통해서 전부를 해석하고 이해하기는 어렵다. 따라서 정통으로 형세론과 이기론을 이해하고 실증적 경험 속에서만이 발견될 수 있다고 생각한다.

즉 경험과 실증적 연구를 통해서 스스로 깨우쳐야 한다는 어려움이 있는 것이다. 이러한 사실을 알았다면 비록 명당 혈은 아니라 하더라도 자손들이 편안하게 살아가는 묏자리를 만들 수 있을 것이다. 교과서 같은 명당 혈은 만 명에 한 자리 쓸까 말까 하다고 하는 이야기를 지금껏 느끼고 들어왔다. 그렇다면 이러한 내용이 얼마나 중요한지 이해가 될 것이다.

풍수지리를 통해 형세론적으로 설명하기 어려운 자리라도 살기를 피해서 생기가 흐르는 땅에 조상님의 유택을 정한다면 자손들은 최소한 넓은 평수의 아파트에서 은행융자 없이 행복하게 살아갈 것이며 주변 사람들은 그 집안의 자식들이 효성스럽고 잘 풀린다는 이야기와 행복한 삶을 부러워할 것으로 확신한다.

살기를 피할 줄 모르면 산소 일에 손을 대서는 안 된다. 즉 한 집안을 몰락시키는 죄만 짓기 때문이다. 아마도 지금까지 이러한 현실을 고려하지 않고 산소 일 또는 산소 감정을 했는데 무해무득이라면 이는 우연의 일치 또는 망인의 선업 또는 우환이 발생할 시기가 아직 도래하지 않았기 때문이라 생각된다. 우환 도래의 시초는 길어야 10년 이내다.

풍수 한마디!

내가 공부한 풍수지리가 제대로 되었는지 확인을 위해서는 다음과 같은 사실을 알아야 한다.

① 산소에 가지 않고 자손을 보아서 그 산소의 옳고 그름을 알 수 있어야 한다. 이것은 공부를 통해 조상님과 자손 간 동기감응을 알았느냐의 문제이다.

② 세상에 돌아다니는 지리서의 내용에 대해 옳고 그름을 알아야 한다. 이것은 정확하게 혈의 존재원리와 혈의 구조를 알고 있느냐의 문제이다.

③ 좋지 않은 자리에 있는 망인을 좋은 자리로 이장하고 나서 백 일 이내에 좋은 징후가 나타나야 한다. 이것은 혈의 옳은 지기의 영향이 있음을 알았느냐의 문제이다.

④ 돌아가신 분을 장례로 모실 때 합장이 얼마나 어리석은가를 알 수 있어야 한다. 이것은 혈의 크기와 혈의 진면목을 확인하고 볼 줄 아느냐의 문제이다.

⑤ 혈장의 구성요소는 지금까지 일반적으로 승금, 상수, 인목, 혈토로 구별하나 여기에 한 가지 빠져 있는 요소를 알아야 하고 이를 사용할 줄 알아야 한다. 이것은 정확하게 혈을 알고 사용할 줄 아느냐의 문제이며 좌향론의 시작이다.

⑥ 끝으로 풍수지리를 알아도 쓸모가 없다는 것을 알 수 있어야 한다. 이것은 땅과 사람과의 인과가 있음을 아느냐의 문제이다.

풍수학에서 형세론과 이기론은 동일하다

풍수지리를 접하고 이를 알고자 할 때는 책을 선정하는 일부터 혼란과 궁금함이 많다. 그러나 그 내용과 공부과정을 간단하게 살펴보면 다음과 같이 이야기할 수 있을 것 같다. 첫째는 현재 시중에 나와 있는 지리서로 그 내용을 습득하고 이해하는 길이며, 둘째는 산의 모양과 혈이 결지하는 장소와 혈을 분별하기 위한 외형적인 모습을 눈으로 습득하고 이해하는 길이며, 셋째는 망인과의 혈과의 인연을 맺게 하려는 묏자리의 선택과 택일 등 장법을 습득하고 이해하는 길로 생각해 볼 수 있다.

그럼 이러한 내용에 대해 문제가 있다면 그것은 무엇인가? 첫 번째 문제는 세 요소가 옳고 그르다는 정답이 없다는 데 있다. 혈을 판단하는 데는 지사들 간 백인이면 백색이고, 지리서와 택일 방법도 수십 종류에 이르고 있으며, 더더욱 혈을 찾기 위해 산에 오르면 산 따로 책 따로이니 이를 극복하는 일이 어려움이다. 또한, 풍수지리학에는 많은 분류가 존재하고 있다. 즉 정통풍수, 포태법, 구성법, 삼합풍수, 통맥풍수, 수맥풍수, 기풍수, 현공풍수 등 또한 택일론에서도 자백 택일법을 포함하여 수십 종이 있는데 이를 모두 공부하여야 하는가, 아니면 몇 종류만 이해해도 되는가이다.

그러나 풍수공부를 잘하기 위해서는 이의 구별은 오히려 해악을 만들 뿐 아무런 도움이 되지 않는다고 생각된다. 공부를 좀 더 쉽게 하기 위해서는 첫째, 기본이론이 필수적이다. 이때는 형세론보다는 이기론에 열중하여 상식적인 수준의 기초지식을 습득하여야 한다.

둘째, 이 기초이론과 산의 모양과 혈의 결지방법과 이를 구분하는 눈을 연마하는 길이다. 즉 형세적 방법을 서서히 익혀야 한다는 것이다.

셋째, 눈에 익은 산의 모습인 형세론과 이론중심의 이기론을 접목하여 검증하는 단계인데, 이때 정오행, 삼합오행, 쌍산오행, 정음정양, 팔괘오행, 납음오행, 홍범오행은 기본적 필수 오행으로 이의 원리와 응용분야를 이해하여야 한다. 아마도 이 단계부터가 많은 어려움이 따르게 될 것이며 이 단계를 극복하면 어느 정도 풍수지리에 대해 타인과의 대화에서 대화 내용을 이해할 수 있게 될 것이다.

점진적으로 꾸준한 노력을 통해 풍수지리를 어느 정도 익히고 혈을 찾아 나서면 먼저 형세가 응용되고 다음에 이를 이기로 확인하게 되는데 아직 예외가 없이 형세와 이기는 일치하고 정확하다. 그리고 여기서 말하는 형세적 방법은 동물이나 식물 또는 사람 등의 모습을 빗대서 설명하는 풍수이론인 물형론을 의미하는 것은 아니다. 형세론과 이기론은 동일하니 구별하지 말기를 바란다. 단지 공부과정에서 우선순위만 있을 뿐이라고 생각된다.

풍수한마디!

조용하고 행복하고 자신감 있게 잘 살아가던 집안에 가슴통탄 할 일이 생기면……. 이를 해결하기 위해 백방으로 돌아다녀도 답이 묘연하다면……, 10년을 전후해서 돌아가신 조상님의 산소를 점검해 보라고 권하고 싶다.

풍수지리의
형세공부 익히기

풍수지리 공부는 어렵고 복잡한 학문으로 이
해되고 있다. 어렵고 복잡하다고 하는 것은 정확하지 않은 불확실성에서
비롯되었다고 생각되며 여기서는 쉽게 공부할 수 있는 기초적 방법을 이
야기하고자 한다.

첫째, 산의 모양이 어떠한가를 익혀야 한다. 즉 간단하게 금, 목, 수, 화,
토 오성의 산형이 아니면 구성에 의한 산형을 볼 줄 알아야 한다. 기존 지
리서나 인터넷 풍수지리 홈페이지에 많이 나와 있는데도 현장에 가면 첫
째, 이것부터 생각이 떠오르지 않기 때문에 이를 먼저 익혀야 한다는 것이
다. 또한, 이러한 산의 모양은 같은 산이라 하더라도 바라보는 위치에 따라
서 전혀 다른 모습으로 보이게 되는데 이를 이해하기가 쉽지 않다. 그러나
바라다보는 위치에 따라 어떤 이유에서 다른 것인지 깊이 있게 생각해서

그 답을 찾아야 한다. 이는 간단하게 동서남북에 각각 존재하는 각 혈의 존재와 그 혈이 갖고 있는 특성과 발음과 관계된 것은 아닐는지 하는 의문만을 남긴다.

둘째, 이 오성이나 구성의 산들은 혈을 만들기 위해 어디서 시작되어 어떻게 연결되는가 하는 이치를 알아야 한다. 예를 들어 "한남정맥"이니 "금북정맥"이니 하는 이런 이야기가 아니라 주역에서 나온 "하도낙서의 법"에 의거 산맥이 돌아다니는 방법을 말한다. 이 원리에 의거 산에 대해 눈을 뜨면 명당 혈을 찾는 일은 쉽고 간단하다. 이를 알아야 산맥이 뻗어 가다가 어디에서 혈을 맺게 되는가를 알고 이를 찾을 수 있게 된다. 즉 이 이론이 옛날 우리의 선사들의 방법론인 것으로 생각되며 비결록이라고 전하는 만산결, 성거사결, 봉안결 등에서 이야기하고 있는 대 명당을 쉽게 찾는 방법이다.

셋째, 주산을 바로 볼 수 있어야 한다. 높은 봉우리라고 모두 주산은 아니다. 주산은 혈을 맺기 위한 어머니 산과 같은 것으로 이를 정확히 찾고 난 후 혈을 찾는 일이 시작되기 때문이다. 주산은 모름지기 단정하고 빼어나게 그 자태를 갖추고 있어야 좋은 혈을 맺게 된다.

넷째, 주산을 찾았으면 주산이 어디서 왔는지를 확인한 후 중심 맥을 찾을 줄 알아야 한다. 물론 본줄기에서 갈라져 나온 가지 맥에도 혈은 있으나 공부는 정석으로 시작하는 것이 좋다. 따라서 주혈은 중심 맥에서 맺게 되기 때문에 어느 산줄기가 중심 맥인지를 알아야 한다.

다섯째, 주산부터 혈까지의 태, 식, 잉, 육법 또는 상분 하합, 결인 속기, 입수 등 각종의 기본적인 혈의 결지 증거를 익히고 혈장에서의 기본인 와, 겸, 유, 돌의 모습을 익혀서 이론이 아닌 눈으로 확인할 수 있어야 한다. 따라서 이러한 자신을 만들기 위해서는 무엇보다도 산을 많이 관찰하고 답산하여 산과 친해져야만 한다.

여섯째, 풍수지리는 '장자 승 생기'를 근본으로 하니까 이때 생기라고 하는 "기"를 알아야 한다. 풍수지리에서 말하는 "기"를 안다는 것은 형세론도 이기론도 아닌 정말 어려운 일이고, 아직 정확히 이를 아는 분은 극히 드물다고 생각된다. 물론 이에 대해 표현한 글은 풍수고전에 많이 나와 있다. 대 명당 근처 혈지는 바로 이의 오판으로 잘못 써져 묵 묘로 남아 있는 것이다. 그리고 기를 익히는 방법도 다양하겠지만, 기본적인 것이 엘 로드를 통한 수맥 파를 검증하는 실력부터 꾸준히 연마하면 좋을 것이다. 여기에 기록한 단순한 이야기로 이룩될 수 있는 일은 아니나 이 글을 생각하면서 각자 나름대로 꾸준한 노력을 기울인다면 좋은 결과가 있을 것이다.

풍수 한마디!

요즘 풍수지리를 공부하다 보면 "수맥"이라는 단어를 접하게 되는데 이는 잘못 알려진 명칭이다. 물론 "수맥"이 흐르는 곳에 묏자리를 정하면 좋지 않은 것은 사실이다. 그러나 풍수지리와 관련이 있는, 즉 유골에 악영향을 미치고, 자손들에게도 악영향을 미치는 요인은 "수맥" 외에도 또 다른 요인이 있음을 알아야 한다. 그리고 이를 찾아 피할 줄 알아야 한다. 이에 대해서는 생기와 반대인 살기라는 단어를 사용하고 싶다. 이것은 알기가 참으로 어려운데 이를 실험이라도 해 보기 위한 기본 도구는 "참선과 엘 로드 등" 이다.

정확한 재혈을 위해서는
많은 지리서를 참고해야한다

이번 주말에는 풍수이론 중 한 가지 이론에 대해 실증을 찾고자 산행을 하고 돌아왔다. 그러나 여기에 모였던 분들의 현장판단 모습을 보고 안타까움이 있어 몇 자 적어 본다. 현재 풍수지리 공부를 하기 위해 산을 살피고 혈을 찾아가는 형세적 분야에서는 어느 이론이나 대동소이하다고 할 수 있다. 아마 형세적 관찰에는 크나큰 차이가 없는 듯했다. 당일 아쉬움은 바로 여러 번에 걸쳐 이야기해 온 바 있는 혈장에서의 재혈이 문제이다.

즉 모인 분들 간에는 여러 이론이 제시되었으며, 이러한 모습은 좋은 현상으로 볼 수 있었으나 토론 끝에 결론에 이르러서는 어느 한 이론만을 고집해서 억지로 결론을 짓는 것이었다. 필자의 견해로 혈장에서 재혈하는 방법에는 한 가지 방법만 고려해서는 우연의 일치가 아니고서는 정확한 답을 찾기가 어렵다는 것이다.

지금까지 전해지고 있는 대표적인 이론인 청오경 부경에 전하는 법이나, 지리오결, 최관편에 의한 법이나, 현공이론이나. 입지안전서에서 주장하는 법이나 천·월덕이론이나 좌우선 또는 선후천 통맥법에 의한 법, 격팔상생법, 구성법, 보성수법 등 제반이론이 주어진 혈장의 모양과 주변 상황에 따라 모두 참고가 된다는 것이다. 예를 들어 혈장의 각과 훈이 명확한 곳에서는 이를 중심으로 살펴서 재혈하고, 한 혈장에는 세 개의 파구가 존재하게 되는데 이러한 경우는 세 개의 파구가 모두 정확하다면 이를 중심으로, 내룡 입수가 정확하게 확인된다면 이를 중심으로 등등 이처럼 혈장의 객관적 자료와 정확한 요소를 확인하여 재혈 방법을 선택하여야 그만큼 오류가 없는 정확한 재혈이 될 수 있을 것이다.

이러한 이유는 모든 혈장의 혈증 모양이 동일하고 명확하게 들어나 있다면 문제가 되지 않겠지만 그렇지 못하기 때문이다. 따라서 주어진 혈장의 모습을 잘 관찰하여 개관적인 증거를 찾아 재혈하여야 한다. 그러다 보면 단순히 한 가지 이론으로 모든 것이 정확히 일치되는 곳은 없으므로 여러 이론의 연구가 있어야 한다는 것이다. 그렇지 않고서 어떠한 법수에 맞추기 식으로 재혈을 하게 되면 이는 우연만을 기대할 뿐이다.

따라서 여러 이론을 습득하고 이를 혈장의 환경에 따라 응용하여 사용할 수 있어야 함을 강조하고 싶다. 물론 여기에는 형세적 혈장의 살핌 또한 아주 중요하다. 한 이론만이 정확하다고 하여 인위적 방법을 적용된다면 이는 크나큰 위험이 있음을 알기 바란다. 그러나 옳고 그름의 결론적 판단은 무엇보다도 현장에 있는 것이 아니고 몇 개월 이내에 나타나는 가정의 변화를 통해서만이 확인될 수 있다.

풍수 한마디!

무릇 풍수지리는 땅의 이치지만 하늘의 이치와 다름이 없다. 음과 양이 다르다고 해도 음 속에 양이 있고 양 속에 음이 있어서 서로가 돌아가며 생성하고 소멸하여 그 다름이 없듯이 하늘의 이치와 땅의 이치 또한 다름이 없다. 이것은 모양과 형상을 일컫는 것이 아니고 그 이치와 원리를 말하는 것이다. 이를 풍수에서 응용한다고 한 것이 28성수로 형상을 살피고자 하나 전부는 아니다. 종교적으로 극락과 천당을 이야기한다면 명당 혈 또한 그 이치를 벗어나지 않는다. 극락과 천당이 하늘이라면 명당 혈은 땅이다. 극락과 천당을 가는 길과 같이 명당 혈에 가는 길도 또한 동일한 것이다.

재혈 시 오류를
줄이는 방안

'재혈'이라 함은 명당 혈을 찾고 난 후 정확하게 망인을 안장할 위치와 깊이를 정하는 일이다. 많은 지리서의 혈 찾기 및 재혈 이론들은 아주 다양하게 설명하고 있지만 이를 현실에서 실수 없이 정확하게 적용하기란 쉬운 일이 아니다.

그간 답산 중에서 또는 나름대로 공부를 많이 하셨다고 하는 분들과의 교류를 통해서 혈을 찾고 재혈하는 방식과 산소를 감정하는 방법을 살펴보면 무엇인가 석연치 않은 부분이 있었다. 여기서는 본인만의 방법이 옳다는 것은 아니지만, 조금이라도 불확실성을 제거하는 방법을 제안해 보고 싶다.

무엇보다도 산의 형세를 공부하고 지리서를 탐독하고 각종 기감법을 수련하는 길은 모두 소중한 공부과정이다. 이러한 일련의 과정은 어렵고 힘든 과정이지만 이를 무난히 극복하고 좋은 자리에 조상님의 유택을 정했다면 자손으로써는 복되고 행복한 일일 것이다. 한 치의 오차도 없어야 함은 두말할 필요도 없다.

그러나 여기서 문제점을 하나 제기하고 싶다. 즉 내가 혈을 찾았고 정확하게 재혈을 하였고 천지인 합일을 위한다는 택일 및 이기 법까지 모두 정확하게 처리하였는데 미처 생각지도 못한 결과가 있었다고 가정해 보자. 아마도 위와 같은 일련의 절차를 마치면 그것으로 모든 일은 잘 끝나는 것으로 생각하는 것이 묘지 일에서의 대부분이나 여기에 크나큰 오류가 숨어 있다는 것을 이야기하고 싶은 것이다.

즉, 산천은 말도 없고 움직임도 없으나 일을 하는 사람인 지사가 자신도 알지 못하는 마음의 움직임이 혈을 재혈하고 천광하는 데 작용하여 오류를 범할 수 있게 된다는 것이다. 즉 본래 행하여야 할 방법으로 일이 진행되는 것이 아니라 자신도 모르는 마음의 움직임이 생겨서 생각지도 못한 방법으로 결정되는 때가 있다는 것이다.

따라서 이러한 오류를 줄이기 위해서는 반드시 피드백원리를 이용하여 검증하는 자세를 가져야 한다. 이때 검증방법과 결과 해석 역시 지리서에는 없어서 많은 경험을 가진 분이나 자신 스스로 연구한 결과 속에서 개발하여야 한다. 경험으로는 단지 이 부분에 대해서 오직 용사한 집안의 용사 후 변화과정을 확인하는 방법 외에는 없다는 점이다. 이 점을 이해하고 내가 일을 도와준 집안을 잘 살펴보는 것이 좋은 방법일 것이다. 이러한 방법으로 몇 차례만 검토하고 실행해 보아도 무엇인가 생각지도 못한 답을 찾을 수 있을 것이다. 즉 무엇이 틀리게 하였는가를 알 수 있다.

그렇지만 단편적으로 이를 이론적인 면으로 간단하게 설명한다면 다음과 같다. 용혈사수가 형기적으로나 이기적으로 좋은 길지를 찾았다면 먼저 하도낙서에 의한 법칙과 유포유장의 원리와 부합하는지를 다시 한번 확인하여야 하며, 둘째, 혈장에서는 결인 · 속기와 와, 겸, 유, 돌의 사상과 혈증의 모양에 의한 혈의 위치를 다시금 검토하여야 하며, 셋째, 용과 입수와 좌와 향과 득 · 파와의 관계는 정확하게 되어 있는지, 넷째, 음래 양수 또는 양래 음수 법칙에 따라 혈은 생성되었는가를 확인하여야 하며, 다섯째, 유해파나 지자기 등을 검증하였다면 이에 대해서도 역으로 정확하게 측정하였는지 다시금 검증하여야 한다. 아주 기본적이지만 이를 되돌아보지 않아서 항상 생각지도 못한 실수가 있음을 주의하여야 한다. 그런 연후에 다시금 그 가정에 대해 변화하는 과정을 반드시 살펴보아야 실수가 없을 것이다.

풍수 한마디!

풍수지리 서적을 공부해서 혈을 알려고 하지 마라. 가장 어리석은 방법이다. 혈은 책 속에 있는 것이 아니고 눈으로 볼 수 있는 땅에 있는 것이다. 단지, 참고만 할 뿐이다. 그러나 혈을 알고 나서부터는 정말로 풍수지리 서적이 필요하다. 풍수지리서적은 거짓말이 없다. 이것은 혈을 이야기하는 것이지 혈을 찾는 방법을 이야기하고 있지 않다는 것이다.

토색으로 명당을
구분할수없다

풍수지리에서 중요한 것 중 하나가 흙이다. 흙
의 종류도 각양각색이지만 무엇보다도 공부 중에 현혹되기 쉽고 오류를
범할 수 있는 부분이 토색이다. 그러면 무엇으로 명당 흙과 비명당 흙을 구
분할 수 있는가? 명당 흙과 비명당 흙의 차이점은 정말 있는 것인가? 생각
해보자.

첫째로 흙의 색으로 명당 혈을 구분해서는 안 될 것이다. 비혈지에서도
아름답고 고운 흙이 수없이 존재한다. 그러나 산소 일을 하다 보면 토색에
대해 백이면 백인이 모두 속고 있는 것을 볼 수 있다. 더욱이 이 토색으로
잘못된 재혈을 합리화는 경우도 없지 않아 있는 듯하다.

둘째, 흙의 색이 고우면 잘못 전해진 풍수문화 탓에 모두가 정혈을 찾은
양 야단법석이지만 수없이 산재하고 있는 묵 묘를 보아야 할 것이다. 명당

혈의 색깔은 곱고 아름다운 것이 아니라 은은한 아름다움이라 이야기하는 것이 더 옳을 것이다.

그러면 정혈의 흙은 무엇으로 구분할 것인가? 첫째, 풍수지리서의 내용처럼 기본적 요건을 갖춘 곳에서 출토되어야 한다. 즉 용법, 혈법, 사법, 수법 등…….

둘째, 혈장에서의 혈증을 정확히 확인하였을 때 이들 증거가 명확하게 있어야 한다. 즉 입수, 선익 또는 지각, 전순, 와, 겸, 유, 돌중 한 형태, 훈 등이다.

셋째, 지기를 감지할 줄 알아야 한다. 장자 승 생기인 것이다. 즉 정혈에 흐르는 지기를 확인한 후 토색을 보면 토색은 자연 밝고 아름답다. 주의할 것은 혈은 절대 보기 좋고 아름답게 외관을 꾸미지 않는다는 것이다. 그러나 첫째와 둘째에 대해서는 말로는 아주 쉽고, 웬만큼 지리공부를 하신 분은 모르는 내용은 아니다. 문제는 세 번째인 지기감지인 것이다. 지기감지에 대해서는 아직 이렇다고 할 만한 연구 작품이 없는 실정이지만 일부 수맥파를 잘 감지하는 분 중에는 우연히 생기를 감지하고 있는 것을 볼 수 있었다. 그러나 아쉬움은 그것이 무엇인지, 어떠한 영향을 미치는지 등 풍수적 개념이 없었기에 안타까웠다.

이제 실수 없는 공부 결과를 얻기 위해서는 첫째, 둘째, 셋째까지 알기 위한 공부가 필요할 것이다. 부디 토색으로 혈을 판단하지 말아야 하며 흙을 손에 쥐고 지기를 감지할 줄 알아야 진짜 풍수지리를 공부했다 할 것이다.

풍수 한마디!

풍수 세상에는 신비한 일이 자주 일어난다. 즉 진리와 같이 옳은 내용을 설명하든지 아니면 옳은 내용이 세상에 알려지면 곧바로 그것을 세상 사람들은 바보 병신으로 만들어 간다. 아무리 생각해도 이상한 일이 아닐 수 없는 현상이다. 그리고 아주 쓸모없는 이론이나 내용이 나오면 많은 사람이 이구동성으로 따라가고 칭찬한다는 것이다. 그 이유는 무엇인가? 감추어져야 하는 진리는 이래서 지금까지 감추어지고 있는 것이 아닌지? 만인이 원한다고 해도 누구나가 부귀영화를 소유할 수는 없는 것처럼, 풍수지리에서 말하는 그 좋은 명당 또한 누구나가 소유할 수는 없다.

형세 공부의 끝은
산안을 여는 것이다

풍수지리를 접하다 보면 가장 많은 이야기 중 하나가 그것도 공부를 좀 해 보신 분들의 이야기에서 어김없이 나오는 단어가 있다면 이는 '개안', 즉 산안이 열려야 한다는 말이다. 그럼 '개안' 또는 '산안이 열린다'라는 말은 무엇을 말하는가? 필자가 이를 정확히 설명한다는 것은 어려운 일이고 말로 표현하기가 부적절하다고 생각되지만, 이해를 돕고자 예를 들어 설명해 보고자 한다.

우리는 살아가면서 많은 사람을 만난다. 그런 와중에 우리는 처음 만난 사람에 대해서는 첫인상으로부터 선입관을 느끼게 되는데 이 첫인상을 느끼는 것과 같이 산을 대할 때도 첫 느낌을 받게 된다. 이는 지리공부를 하지 않은 사람도 동일하게 느끼는 것이다. 그러다가 그 사람과 자주 접촉하고 생활을 같이하면서 시간이 흐르다 보면 첫인상과는 다른 면모를 발견하게 될 것이다. 즉 처음에는 우락부락한 인상으로 느꼈는데 만나서 접하다 보니 온순한 인상이 숨어 있는 것을, 또는 온순한 인상으로 보았는데 우락부락한 인상이 숨어 있는 것을 느낄 수 있을 것이다. 아마도 이와 같은 예는 세상을 살아오면서 모든 분이 경험한 일들일 것이다.

그렇다! '개안'이나 '산안을 연다'는 것은 정확한 실체를 보는 것이다. 즉 첫인상이 아닌 그 내면에 숨어 있는 진면목을 보듯이 산에서도 숨어 있는 산천의 진면목을 보는 것이라 말할 수 있다. 따라서 첫 만남에서부터 자주 접하면서 그 사람의 진면목을 알아보듯 산 역시 자주 접하면서 산이 깊이 숨기고 있는 진면목을 보는 것이다. 이러한 경지를 이루면 산천의 흐름과 용혈사수가 자연 눈에 들어오게 되고 육안으로 혈을 확인할 수 있다. 더 나아가 혈에서 나오는 지기까지 볼 수 있다는 것이다. 형세론과 이기론에 따라 산을 확인하고 혈을 확인한다는 것은 산안을 열기 위한 공부의 과정으로 생각하면 될 것이다.

따라서 산안을 열기 위해서는 많은 답산을 통해 스스로 터득하든지 아니면 산안이 열린 분을 모시고 공부를 꾸준히 하여야 한다. 그리 쉬운 일도 아니며 취미로는 이를 극복할 수 도 없다. 속된 말로 미쳐야 한다는 표현이 옳을 것이다. 풍수지리 공부는 미치지 않고는 될 수가 없는 학문이다.

풍수 한마디!

부와 귀를 원하는 발음은 꿈꾸지 말아야 한다. 아무리 좋은 명당 혈에 조상님을 모셨다 하더라도 생존해 있는 사람은 천운을 벗어날 수 없다. 즉 팔자에 없는 부와 귀는 명당 혈로도 안 된다. 그러나 풍수지리를 알면 집안에 생각지도 못한 우환과 질병은 발생하지 않을 것이며 후손들은 크게 발음하여 이를 바라보는 마음은 행복할 것이다. 풍수지리 공부를 많이 했다고 하는 사람이 집안 망치는 주범이 될까 두렵다.

한 평의 땅도 음과 양으로 이루어져 있다

풍수지리를 공부하면서 깊이 알아야 할 하나의 중요한 문제가 있다. 예로부터 전해오는 지리서와 근래에 써진 모든 지리서에는 땅속에 오자기라는 표현 외에 무서운 결과를 초래하는 살기가 있다는 것을 말하고 있지 않다. 풍수지리의 근본인 생기에 관해서는 많은 책이 공감하고 있으나 이 무서운 살기에 관해서는 이야기가 없다. 단지 재혈을 잘못하고 용진혈적하다는 명당 혈을 바르게 찾아 용사하지 못하여 각종 염이 들어가고, 그 결과 자손에게 많은 우환이 있다고만 되어 있다. 또한, 현재도 공부하는 사람들은 하나같이 땅속이 이렇게 생긴 이치는 생각하지도 못하고 그냥 혈이 되어 있는 것 같으면 천산과 투지가 어떻고, 수구가 어떻고, 입수룡이 어떻고, 시운이 어떻고 하면서 패철로 좌향만 정하는 것이 대부분이다. 이는 휴전선 부근 지뢰밭에 가서 지뢰가 어디에 있는지도 모르고 이리저리 마음대로 지뢰를 피한다고 하는 것과 다름이 없다. 사실이 이러하다면 이 얼마나 어리석은 행동인가?

그러나 이러한 현실이 사실이다. 말로는 명당 혈은 아니라 하더라도 자손에게 해가 없는 평범한 땅이라고 하지만 결과는 어떠한가? 그 가정의 우환은 시작되지 않는가? 이 살기가 어떻게 땅속에 퍼져 있는지도 모른다면 수만 권의 지리서를 탐독하고 수만 곳의 명당 혈을 답산하였다고 한들 무슨 소용이 있겠는가? 인간은 본래 동물적 감각으로 이 살기들을 피해서 움막집을 지었고, 고인돌로 장지를 만들었던 것으로 추측된다. 현재도 그들이 살았던 장소를 연구해보면 신비롭지 않을 수가 없다. 언제부터인가 이 풍수지리가 잘못 적용되면서 우리는 이 무서운 살기를 등에 업고 살아가고 있으니 무수한 우환이 끊일 날이 없다.

즉 땅은 음과 양으로 되어 있다는 것을 알아야 한다. 즉 양의 기운은 사람에게 이로움을 주는 것이고 음의 기운은 사람에게 해로움을 주는 살기이다. 모든 땅은 음과 양으로 되어 있기 때문에 음을 피하고 양을 택하여야 하며 이 양 중에서도 생기가 모여 있는 곳이 풍수지리에서 이야기하는 혈이다. 따라서 혈을 이루기 위해서는 맥이 있어야 하며 맥이 없는 곳은 혈은 없어도 양의 기운은 있는 것이다. 음택은 맥을 찾은 다음 혈을 찾는 것이고 양택은 음을 피해 양의 땅에 집을 짓는 것이다. 음이 많으면 살기가 많은 것으로 사람이나 백골은 편안하지가 않다. 이 이치는 일반 지리서에 없음을 인식하고 많은 연구를 하여야 한다. 주변사격이 아무리 아름답다 하여도 이는 허수아비인 것이다. 아무리 천산투지를 잘 맞추어도 이는 허수아비이다. 아무리 시운을 잘 맞추어도 이 또한 허수아비이다. 이 음의 살기를 피한 연후에 풍수지리가 시작됨을 알아야 한다. 이 음의 기운이 요즘 많은 연구가 진행되고 있는 수맥파라고 할 수도 있겠지만, 필자의 경험에서는 수맥파라는 것은 아닌 것 같다. 그 이유는 땅속에서 흐르는 수맥 파는 정형화되어 좌우동일하게 흐를 수가 없다고 생각하기 때문이다. 하지만 또 한편으로는 이러한 수맥 파가 흐르는 산소나 가정에서도 많은 우환이 나타남을 볼 수 있고 이에 대한 연구 결과도 많이 있음을 알 수 있다. 이의 구분 및 영향에 대해서는 앞으로 더 많은 연구가 있어야 할 것으로 생각된다.

풍수 한마디!

풍수에서 혈을 알고자 한다면 현재 써진 묏자리보다는 생지를 찾아보는 노력이 더 효과적이고, 용과 사격을 알고자 한다면 명당으로 소문난 명묘를 소조산까지 직접 밟아보는 것이 좋다. 내가 찾은 혈이 정혈인지 비혈인지는 기본적으로 형세와 이기가 일치하는 곳인지 아닌지 분별할 줄 알아야 한다.

땅속 유해파
이해

앞에서 땅은 양의 기운과 음의 기운으로 구성되어 있다는 이야기를 한 바 있다. 그러나 이보다도 많은 연구가 진행되고 있는 수맥파라 불리고 있는 땅속의 또 다른 기운에 대해 설명하고자 한다. 이에 대해서는 그 명칭이 수맥파, 지전류, 자기맥, 지자기교란 등으로 불리고 있으며 이의 원인과 존재 이유 등에 대해서는 아직 정확한 연구가 이루어지지 않고 있다.

그러나 혈과 명당이라는 개념을 떠나 수맥파라고 감지되는 묘지는 어김없이 풍수에서 이야기하는 각종 염이 들어 있음을 확인하면서 이의 중요성을 새롭게 깨우치게 되었다. 실증적으로 정혈을 안다면 유해파를 무시해도 좋지만 그렇지 못하다면 이를 깊이 있게 연구하여야 할 내용으로 생각된다. 이유는 정혈에는 유해파가 침범하지 못하고 이를 반드시 피해서 있기 때문이다. 그러나 지금까지 정혈을 찾아 묘를 쓸 수 있는 여지가 과연 얼마나 되느냐가 관건이다. 흔한 이야기로 널려 있는 것이 명당 혈이라지만 정말로 정혈은 극히 드물고 희귀하며 이를 정확히 찾아서 용사할 수 있는 사람 역시 드문 것이 현실이다.

그렇다면 생기가 감도는 혈은 행운에 의할 수밖에 없을 것으로 생각하며 평온한 가정을 위해서는 기본적으로 풍수는 무시하고라도 유해파라도 피할 줄 알아야 함을 강조하고자 한다. 유해파의 정의나 성질 원인은 정확히 모른다고 하더라도 숙련을 통해 도구(엘 로드 탐사 링, 추 등)를 사용하면 이를 피할 수 있다. 이는 숙련이 어려운 것이지 엄연히 존재하는 사실에 의문을 가질 필요는 없다. 유해파를 피할 줄 아는 능력을 완전하게 숙달한 후 유해파와 풍수지리를 구별해도 때는 늦지 않으리라고 생각된다. 물론 원인과 모든 것을 세부적으로 정확히 연구하여 성찰한다면 얼마나 좋겠는가? 그러나 산소에는 그럴 시간이 없다. 지금 당장에라도 우리 조상님 유택에 유해파가 있는지, 없는지부터 확인하고 난 연후 풍수에서의 명당 정혈을 찾는 순서가 타당하다고 생각된다.

풍수지리가 무엇인가? 행복하고 평온한 자손들의 삶을 조상님들이 그렇게도 염원한 것이었다면 이제는 유해파만큼은 피하는 현명한 자세를 가져야 함을 이야기하고 싶다. 무 맥지에서의 유해파 영향은 대단히 크고 위험하다는 것을 재차 강조하고자 한다.

풍수 한마디!

풍수지리에서 '비인이면 부전'이라는 말이 있다. 이는 무슨 뜻인가? 일반적으로 풍수지리원리를 알려주지도 말고, 혈도 함부로 말하지 말라는 이야기로 사용된다. 그러나 혈을 함부로 말하지 말라는 것이 더 정확한 개념으로 생각된다. 그 이유는 혈을 말하는 것은 참으로 무섭기 때문이다. 풍수지리원리는 세상에 아는 사람이 없으니 말한다고 한들 큰 죄가 되지 않을 것이다. 그러나 모르는 것을 안다고 가르쳐 가정을 망치게 한 그 죄는 있을 것이다.

발음에 대한 이해

과연 명당 혈이라는 곳에 조상님의 유해를 모시면 자손들은 발음을 받는 것인가? 『금낭경』에서는 '장자 승 생기'라 하여 망인을 생기가 있는 곳에 모시면 그 자손들이 우환 없이 평온한 삶을 살아간다고 이야기하고 있다. 그러나 현실에서는 이 부분에 대한 결론은 각양각색이다.

그럼 풍수지리에서 이야기하는 발음이란 무엇을 말하는가?

하루아침에 떼돈을 버는 것인가? 속칭 하늘에서 떨어지기라도 하듯 하루아침에 떼 권력을 얻는 것을 말하는 것인가? 암 등으로 고생하던 환자가 하루아침에 멀쩡하게 완치되는 것을 말하는가?

풍수지리에서의 발음은 이러한 인간의 마음과는 차이가 있다고 생각된다. 그럼 발음은 무엇을 말하는가? 이는 자연 속에 동화되어 자연과 같이 살아가는 삶이라고 이야기하고 싶다. 이를 구체적으로 이야기하기 전에 먼저 동물의 세계를 살펴보자.

직접적인 삶의 체험은 아니지만, 집에서 사육하는 동물을 보면 어린 시절에 보았던 경험과 근래의 경험은 조금은 차이가 있다. 또한, TV에서 방영하는 '동물의 왕국'을 보면 더욱 확실하다고 생각되는 그 무엇이 있다. 이들에게는 천재지변과 생존을 위한 생과 사 외에는 따로 우환이 없다는 것이다. 또한 이들에게는 우환이 발생하면 자연치유적 치료법으로 회복하고 평화롭게 산다는 것이다.

우리 인간은 어떠한가? 자연치유적 능력이 동물들보다 많이 떨어지고 또한 자연치유능력으로 치유될 수 없는 질병이 많이 발생하고 있는 것이다. 교통사고, 각종 암과 불치병, 경제적 파탄 등 수많은 우환은 자연치유적 치료법으로 치유되지 않는다. 원시적 삶이나 어릴 적 삶을 뒤돌아보면 물론 문명의 발달을 이야기하지 않을 수 없지만 그렇다 하더라도 현재와 같이 치유할 수 없는 인간의 우환은 그리 많지 않았다고 생각된다. 물론 오늘날보다 생존을 위한 육체적인 고통은 많았다고 볼 수 있다.

그럼 풍수적 발음이란 무엇인가? 이는 곧 자연치유적 삶을 살 수 있게 한다는 것이다. 즉 삶에 있어 욕심을 버리고 스스로 만족할 줄 아는 개체로 변화시킨다는 것이다. 이것은 명당이라는 혈이 갖고 있는 기운이 인간에게 흘러들어 와 순환하면서 마음에 평정을 주기 때문으로 생각된다. 우환의 원인은 몸속에 흐르는 기감 간의 갈등으로 발생한다고 생각한다. 정확하지는 않지만 신속한 회복은 골절상이나 암과 같은 것이 아닌 질환에서 많이 확인되기 때문이다. 즉 집안 식구들 간의 갈등이라든지 원인을 알 수 없는 통증 등은 이른 시일 내에 회복됨을 볼 수 있다.

인간은 태어날 때부터 한세상 살아가기 위한 복을 타고 태어난다. 즉 운명이라고 할까, 아니면 업보라 할까? 그런데 인간사에서 우환이란 두 글자가 없다고 가정해 보자. 얼마나 살기 좋은 세상살이겠는가? 모든 사람은 성실하고 또 열심히 살려고 한다. 그러나 그것이 어디 뜻대로 되는가? 물론 뜻대로 되는 사람도 많이 있지만, 뜻대로 안 되는 많은 사람은 무슨 이유에서인가?

자연치유가 불가능한 우환은 타고날 때보다는 후천적으로 조상님의 산소에 의한 경우가 80% 이상이라 판단하고 있으며 그 인과관계가 너무나도 뚜렷하다고 생각한다. 명당 혈에 의한 발음은 이러한 우환을 단절한다. 즉 돌연변이 식으로 변화되어 회복 불능한 현재의 본인은 어쩔 수 없다 하더라도 그 자손들은 이 때문에 고통을 받지 않는다는 것이다. 즉 가족력에서 나타나는 유전병은 집안에서 없어진다고 할 수 있다. 그리고 돈복이 있는 사람은 타고난 복만큼 파산 없이 재산이 증가하고, 명예를 타고난 사람은 뇌물을 바치지 않아도 순탄하게 승진하면서 부하 직원들에게 좋은 상사로 또한 많은 주변 사람들로부터 칭송받는 사람으로 발전하고, 농사일을 하게 타고난 사람은 편안한 전원생활에 만족하고 등등 타고난 복만큼 잘 살 수 있다는 것! 이것이 풍수지리에서 이야기하는 발음일 것이다.

줄기세포의 실제적 사용이 성공한다면 이는 후천적 치료지만, 좋은 자리에 조상님의 유해를 모시는 것은 이러한 우환을 사전에 차단하는 선천적 복덕이라 감히 말하고 싶다. 따라서 지사는 이장과 동시에 새로운 땅에서 흘러나와 자손의 몸에 유통하는 그 지기, 즉 혈 기운을 즉시 감지할 줄 알아야 한다. 그래야 그 가정에 평온을 주고 발음을 이야기할 수 있을 것이다.

풍수한마디!

혈을 모르면 아무리 훌륭한 이론과 실체가 부질없다는 것이다. 혈의 존재는 와, 겸, 유, 돌을 갖추고 있는 혈장 위에 있다. 그러나 여기서부터 문제이다. 혈장까지 알아내는 공부도 쉽지 않지만 알아낸 혈장 위에서 일석지지의 정확한 위치를 알아내는 것은 현재까지 제대로 된 방법론이 전무하기 때문에 더욱더 어렵다. 이를 정확히 살피는 능력이 아마도 개안이라는 단어의 의미일 것이다.

명당 혈의 발음 시점
구분에 대하여

많은 분이 발음을 받아 화평한 세상이 올 수만 있으면 좋으련만 세상은 그렇지 못함이 안타까운 일이다. 더욱이 잘못 모셔진 산소에 대해서 감정을 하다 보면 현재 자손들의 삶과 일치하는 경우를 접하게 된다. 안타까운 일이다.

간단한 예로 현재 이름 있는 대학교수나 의사, 판·검사의 탄생은 누가 뭐라고 해도 풍수지리를 신뢰하는 분이라면 명당 혈의 기운을 타고났다고 생각할 것이다. 그런데 이분들의 발음 시점을 어디로 보아야 하는가이다.

예를 들어 부모님께서 돌아가신 지 10여 년이 지난 지금 자손들의 직업이 교수, 의사, 판·검사 등이라면 이는 부모님 묘의 발음으로 보아야 하는가? 아니면 조부모님 묘의 발음으로 보아야 하는가, 아니면 그 이상의 선대 묘로 보아야 하는가이다.

필자는 먼저 조·부모님의 산소보다는 선대 묘로 보고 싶다. 물론 조·부모님 묘 역시 중요하지만 총명한 두뇌의 탄생부터 고려해야 할 것으로 판단되기 때문이다. 의사, 박사, 교수가 되는 것은 타고난 재주가 있어야지 묏자리의 영향으로 둔재가 하루아침에 천재가 되지는 않을 것이며, 반대로 묏자리가 안 좋다고 총명한 자손들의 머리가 하루아침에 둔재가 되지는 않을 것이다. 그러나 총명한 두뇌로 학창시절에 우수한 능력을 보이다가 부모님께서 돌아가시고 부모님 산소가 무해무득한 자리라면 지속적인 발전이 있겠지만, 부모님 산소가 흉한 자리라면 잘나가던 삶에 다양한 우환이 시작되는 것이다. 또 한 예를 들어 사업이나 농·어업에 종사하던 분이 많은 어려움을 겪다가 부모님께서 돌아가시고 모든 형제가 편안해졌다면 이는 부모님의 묏자리 발음으로 생각되나 형제 중 한 분만 잘된다면 아마도 이는 선대 묘의 영향으로 보는 것이 타당할 듯싶다.

따라서 우리가 풍수지리는 몰라도 가정사를 뒤돌아보면 조상님의 산소에 대해 잘못 모신 산소와 편안한 곳에 모신 산소를 정확하지는 않아도 어느 정도는 구별할 수 있을 것이다. 참고로 돌아가신 후 3년 전후나 8년 전후를 잘 살펴보기를 바란다. 그간의 경험상 잘못 모신 산소는 이 기간이 되면 집안에 우환이 발생했음을 볼 수 있다.

풍수 한마디!

풍수지리를 이해하는 데는 사람을 생각하면 오히려 쉬운 부분이 있다. 사람이라고 한다면 누구나 똑같은 것을 알 수 있다. 다른 동물들과 사람을 구별해 본다면 사람은 동일하다. 또한, 사람끼리도 오장육부 사대육신 등 외형의 형상은 누구나 똑같다. 그러나 한 사람 한 사람 똑같은 사람은 없다. 인상이나 살아가는 생활방식이나 살아가는 특성은 똑같은 사람이 없을 것이다. 풍수지리도 이와 같다. 혈이라고 하면 단순히 와, 겸, 유, 돌을 떠난 것이 없듯이 똑같지만 실질적으로 혈이 생기는 산천의 모습과 그 속성은 똑같은 모습이 없다. 그러나 혈의 속성을 이해하고 산천의 생김을 이해하고 보면 사람처럼 혈들도 똑같은 것이다.

음택 풍수와 양택 풍수의 영향은?

풍수지리를 크게 분류하면 대상에 따라 음택 풍수와 양택 풍수로 나누어진다. 음택 풍수는 일반적으로 산소자리를 정하는 것으로, 즉 돌아가신 분의 유택을 정하는 것이고, 양택 풍수는 살아 있는 사람이 살아가기 위한 생활 장소를 선택 결정하는 분야이다. 그러나 여기서는 음·양택의 풍수적 이론에 대한 설명보다는 음·양택의 중요성과 관계를 이야기하고자 한다.

무엇보다도 중요한 것은 음·양택이 모두 중요하지만, 필자는 음택 풍수에 많은 비중을 두고 싶고, 이 중 하나를 선택하라면 당연히 음택을 선택하고 싶다. 그 이유는 간단하다. 양택에 대해서는 많은 시간을 할애하여 이 부분의 중요성을 검증하고자 노력하였으나 실증 사례를 찾기가 무엇보다 어려웠고 또한 좋은 많은 양택이 현재 고택으로 남아 있으며 여기서 살아가는 분들에 대한 의구심이 있었기 때문이다. 즉 음택이 좋지 않은데 양택이 좋아서 발음을 받았다는 사례를 좀처럼 찾기가 어려웠고, 음택은 좋은데 양택이 좋지 않아 많은 우환이 발생했다는 사례 역시 찾기가 어려웠다. 그러나 양택은 종일토록 햇볕이 들지 않는 곳보다는 따스한 햇볕이 종일토록 비추는 집이 좋은 것은 사실일 것이다.

따라서 필자는 양택은 유지 또는 보조기능으로 판단하고 있고 음택은 무에서 유를 창조하는 창조기능으로 생각하고 싶은 것이다. 그리고 음택이 좋아서 가정이 발전되고 있는데 양택이 좋지 않다면 양택 자리가 좋은 곳으로 이사하는 경우는 보았으나 음택이 좋지 않은데 양택이 좋다고 해서 그곳에서 오랫동안 편안하게 살아가는 가정 역시 보기가 어려웠다.

결론적으로 음·양택이 모두 좋다면 더 이야기가 필요 없겠으나 그렇지 못할 때 음택만이라도 좋은 곳을 찾아 조상님의 유해를 모시라고 권하고 싶다. 또한, 음택에 대해서는 많은 풍수지리서 중 좋은 책들이 많이 있어서 활용할 수 있었으나 양택은 크게 택경, 동서사택이론, 현공풍수이론이 있으나 실증사례를 찾아보기가 어려웠다. 그러나 무엇보다도 양택은 배산임수로 북풍의 찬바람을 피하고 따스한 햇볕이 잘 들고 바닥이 단단한 흙으로 되어 있어 물이 배어 나오지 않는 곳을 선택하는 것이 양택 풍수의 기본인 것만은 부인할 수가 없다.

풍수 한마디!

풍수에서 가장 어려운 것은 정혈을 찾는 것이다. 그러나 이보다 더 어려운 것은 정확한 천광인 것이다. 이때는 거짓 없이 이야기한다면 일촌만 벗어나도 화복이 천 리와 같이 확연하게 다르기 때문이다. 즉 일석지지에서 혈의 크기를 확인하고 최종 하관할 자리가 정확하지 못하여 살기를 범한다면 아무리 훌륭한 사신사를 갖추고 물굽이가 좋아도 이는 모두 허사이다.

중생을 구제하는
지사의 큰 역할

필자도 풍수지리를 접하게 된 동기를 앞글에서 밝힌 바 있지만, 일반인들도 대부분은 발음에 관심을 두고 접하게 되는 경우가 많을 것이다. 그러나 발음을 바라지 않고 조상님의 유해를 편히 모셔야 한다고 한다. 특히 풍수지리를 조금이라도 접한 사람들은 그렇게 이야기하지만 정말 발음이란 개념 없이 풍수지리를 생각할 수 있을까?

그러나 풍수지리는 발음을 구하는 것이 아니라 어려운 중생을 구하는 중생구제에 있다고 말하고 싶다. 지금껏 공부하여 수많은 이장과 초장을 행하여 중생을 구제하지 못하고 발음을 운운했다면 이는 풍수지리를 잘못 이해한 것이라 생각된다. 풍수를 공부하는 학인들은 고통받는 조상과 자손을 고통에서 구해내는 것이지 발음을 운운해서는 안 된다는 것이다. 더욱이 풍수지리를 연구했다는 사람이 죽은 송장이나 치우는 청소부 격으로 전락해서는 더더욱 안 될 것이다.

한세상을 마감한 망인에 대한 장례는 풍수지리나 풍수지사가 없어도 한 평생 살아온 결과와 자손들의 정성에 따라 자연의 순리대로 일사천리 진행된다. 풍수지사가 없어서 장례를 잘못 치르고, 풍수지사가 있었기 때문에 장례를 잘 치렀다는 선례는 보기가 드물다. 오히려 풍수지사 때문에 잘못 치르는 장례가 더 많음을 유념해야 할 것이다.

이렇게 자연의 순리에 따라 추진되는 일련의 일들에 대해서는 반드시 결과가 따르게 되어 있다. 즉 고인과 자손 간의 동기감응, 즉 선업에 의한 자손들의 행복과 업보에 의한 자손들의 고통과 우환이 연결된다는 것이다. 풍수지사는 세상살이에서 알지 못하고 지은 업보에 의한 고통과 우환을 어떻게 풀어 주어야 하는가를 깊이 있게 공부하여 실행해야 한다. 이것이 중생구제라 생각하는 것이다. 나침판만 들고 다니며 송장이나 치우는 청소부가 되어서는 안 된다. 더욱더 안타까운 것은 모든 풍수지사들이 자기만은 아니라고 믿고 있다는 사실이다. 산천을 돌아보라! 제대로 된 산소가 몇이나 되는가? 이것을 이해한다면 자기만은 아니라고 하는 생각은 떠날 것이다.

이미 우리는 태어날 때 한평생 살아가는 복을 가지고 왔다. 단지 타고난 복 외에 외부에서 주어지는 우환은 자연을 거슬러 살아온 인간의 어리석음에 대한 결과물이다. 그것을 풍수지사들이 구해주고 남은 생애라도 선업을 행할 수 있도록 바른길로 인도하는 것이다. 이러한 소중한 뜻을 행하는 사람이 바로 풍수지리를 공부한 풍수지사이다. 참으로 고귀한 인격체가 아닐 수 없다. 절대 발음과 행운을 섣불리 논하지 말아야 할 것이다.

풍수 한마디!

사람의 한세상 삶에 관한 결과는 하늘에서 이루어진다고 이야기한 것으로는 불경과 성경 등 종교에서다. 그러나 땅에서도 이와 같은 결과가 있다는 것을 알아야 한다. 곧 땅에서 이루어지는 결과를 이야기하는 것이 풍수지리이다. 따라서 풍수지리를 공부하면서 풍수지리가 인간의 삶과 아주 중요한 인과가 있다는 것을 알아야 한다.

풍수학은 생활 속에 있다

풍수지리적
관점에서의 삶

우리는 세상에 태어나 살아가면서 단순하게 이야기하자면 명예와 권력과 돈에 승부를 걸고자 하는 방향으로 살아가는 경우가 대부분인 것 같다. 그러나 이러한 승부수에서 큰 어려움 없이 목적을 달성하는 사람이 과연 몇%나 될까? 아마도 90% 이상은 크나큰 어려움을 한 번쯤은 겪었으리라 생각된다. 그중에서도 한 번만으로 어려움을 극복하고 목적을 달성한 사람은 그나마 참으로 복된 사람이 아닐 수 없다. 이러한 삶은 어쩌면 한세상 살아가면서 타인의 부러움의 대상일 수도 있다.

그러나 역설적으로 이런 말을 해 보고 싶다. 말하자면 이 세 요소, 즉 돈과 권력과 명예에 실패해서 일어나지 못했으나 자신의 실패 원인을 정확히 분석하여 알고 있는 사람이라면 풍수적 관점에서는 실패 없이 살아온 사람에 비해서 불행 중 다행이라고……

물론 이 세 분야 중에서 한 분야만이라도 목적을 달성하고 아름다운 삶을 살면서 그 원인을 정확히 알고 있다면 더없이 복된 삶일 것이다. 그러나 결코 나는 남에게 의지하지 않고 성실하게 살아왔고, 아끼고 노력했기에 오늘날 내가 있다고 하는 식의 나 위주의 사고는 경계하고자 한다. 이러한 나 위주의 사고는 풍수적 관점에서 본다면 우려되는 삶이기 때문이다.

왜 그러한가? 이유는 간단하다. 이러한 사고는 사랑과 자비와 이해가 나 위주이기 때문이다. 나 위주의 사고와 삶이 잘못이라는 이야기는 아니다. 나 위주의 삶은 세상에서는 옳은 삶인지 모르지만, 풍수지리에서 추구하는 삶은 아니라는 것이다. 구체적으로 편안한 자리, 즉 풍수지리에서 이야기하는 명당자리는 나만의 성실하고 근면한 삶을 받아들이지 않는 것으로 나타나기 때문이다. 간단하게나마 이러한 문제를 제기해 본다. 이 글을 보시는 분은 100%는 아니라 하더라도 참고하여 깊이 있게 생각해 보고 주변도 살펴보기를 바란다.

즉 나와 아버지, 조부님 이 삼대 중에 집안을 잘사는 집으로 만드신 분이 누구인가를 먼저 생각해 본다. 나 때인지, 아버지 때인지, 조부님 때인지…… 그리고 나를 제외한 부, 모, 조부, 조모님을 생각해 본다. 모두 훌륭한 분이시지만 이 네 분에 대해 더욱 더 후덕한 삶을 사셨다고 생각되는 순서를 정해 보라! 그러면 1번을 받으신 분이 돌아가신 후에 전보다 집안이 더 번성했음을 알 수 있을 것이다.

따라서 풍수에서 원하는 삶, 즉 한생을 다하고 편안한 자리로 돌아가기 위한 삶은 타인과 더불어 조화를 이루며 살아가는 삶을 원하고 있는 것이다. 그 이유는 깊이 있게 알 수 없으나 그간의 산소감정과 산소감정을 의뢰한 분들로부터 들어 본 망인의 세상살이 이야기에서 충분히 유추되었던 것이다. 아마도 이러한 삶이 쉬운 일만은 아닐 것이지만 땅은 말없이 이러한 삶을 원하기 때문에 우리가 사후 편안한 자리에서 영면하기 위해서는 이를 거부할 수는 없을 것이다. 더욱이 그 결과는 내가 가장 소중하게 생각하고 사랑하는 자식들의 삶과 연결된다는 면에서 깊이 있게 생각해 볼 일이다.

풍수지리는 나보다도 더 남을 생각하는 사랑의 정신을 가르쳐 주고 있다고도 할 수 있다. 즉 자손들이 자신의 노력에 비례한 삶, 즉 실패와 우환이 없는 삶을 살게 하기 위해서는 내가 아닌 타인을 위한 삶이 중요하다는 것이다. 이러한 자연의 이치를 저버리고 나 홀로 편안하기 위한 삶은 곧 오늘의 나를 있게 해 주신 조상님들께 배은망덕한 것이 되는 것이고 내가 사랑하는 자손을 버리는 결과가 되는 것이다. 이는 동기감응의 원리를 통해서 내 자손에게 직접 이어지게 된다는 것을 풍수지리는 분명하게 이야기하고 있으니 말이다.

풍수 한마디!

풍수지리를 공부하는 사람은 용을 먼저 익혀야 한다. 즉 집을 지을 때 집을 앉혀야 하는 위치를 선정하고 주춧돌을 놓는 것과 같이 용을 탐색할 줄 모르고 그냥 혈만 판단한다면 이는 생각해볼 여지가 있다. 혈은 용에 매달려 있으니 혈을 매달은 용이 견실한지를 먼저 확인할 줄 알아야 한다. 견실하다 함은 하도낙서의 원리에 부합하여야 한다는 것이다.

풍수지리를 제대로
할 수 없는가?

풍수지리가 내포하고 있는 진실한 의미는 발음을 받기 위함인가? 풍수지리라는 분야에 몰두했지만 의미심장한 마음이 사라지지 않는 부분이다. 물론 지금도 마찬가지지만 그중에서도 첫째, 정말로 산소가 잘못되었다는 사실을 알고도 옮겨드리지 못하는 원인은 무엇인가? 이 부분에서 가장 많은 사례를 남기고 있다. 즉 가족 간 합의점을 찾지 못하는 것인데 그 원인이 무엇인가이다.

둘째는 풍수지리서와 산소 일과의 관계에서 정확한 일치는 그렇게도 어려운 일이 아닐 것 같은데 현실에서는 그렇게도 어려운 것인가이다. 즉 우환 없이 타고난 복대로 삶을 살 수 있게 조상님을 편히 모시는 정도를 말한다.

셋째는 차라리 눈 감고 생각하기 싫을 정도로 어렵게 살아온 분 중에 편안한 자리에서 영면하는 분들이 많이 있다는 사실은 무슨 이유인가? 이러한 결과는 세상사와는 다른데 그 연유는 과연 풍수지리와 무슨 연관이 있는가이다.

이번 명절에도 산소이야기가 있었던 집안도 있었을 것이고, 말도 꺼내기가 어렵고 짜증스런 집안도 있었을 것이고, 아예 조상님 이야기나 생각조차 없이 그냥 명절이니까 마냥 즐겁게 지낸 집안 등 다양한 형태가 있었으리라 생각된다. 그러나 이러한 이야기들이 바로 풍수지리라는 분야에서 이야기하고 있음을 지적하고자 하는 것이다. 첫째의 이야기는 풍수지리라는 것은 한세상 살아가는 삶의 지표를 제시하고 있는 것으로 어떻게 살아야 풍수적 삶인가를 가르치고 있는 것이다. 따라서 자손들은 이 부분을 해결해야 할 의무가 있는 것이고 이것이 바로 효이고 도리일 것이다. 그러나 현실은 어떠한가? 가족 간에도 화합할 수 없는 그 무엇으로 세월만 보내고 한탄만 하고 있지 않은가? 정말 이 부분이 많은 사례인데 그 이유를 아직도 이해하기가 어렵다. 물론 여기에는 풍수에 대한 불신부터 점성술 및 종교까지 합세함을 볼 수 있다. 그러나 단순하게 생각해 보자. 부모 조상님의 유해가 물에 잠겨 있고, 벌레가 함께하고 있다면……. 이 부분에 대해서도 합의가 되지 않을는지 궁금하다.

둘째 이야기는 바로 첫 번째와 같은 맥락에서 우리에게 준엄한 심판을 풍수지리는 경고하고 있는 것이다. 지사라는 인물을 신뢰하기 이전에 편의적 사고로 때늦은 효는 엎질러진 물 담기와 같다고 할 수 있다. 즉 유능한 지사만나기가 어렵고 지금껏 많은 분의 업적이 한 집안의 우환만을 조장하지나 않았는지 의문이 가지만 무엇보다도 한 가정의 자손들의 문제이다. 경험적으로 좋지 않은 자리에서 편안한 자리로의 이장은 택일도 그 무엇도 모두 필요치 않음을 경험한 바 있다.

셋째의 이야기처럼 차라리 육신은 고되고 힘들어도 아무것도 모르고 진실한 삶을 사는 것이 바로 풍수지리는 바라고 있는 것이다. 이분들의 자손들이 비록 어린 시절에는 삶의 어려움으로 배움은 부족했으며 부모님 사후에도 변변치 못한 환경에 묏자리를 정하여 모셨지만, 성년이 된 지금 얼마나 행복하게 살아가는지 주변에서 쉽게 확인할 수 있을 것이다. 최소한 수십억의 가치가 있다는 명당자리를 그리도 쉽게 얻을 수 있겠는가? 아파트 한 채를 얻기 위해 고생한 과거와 조그만 사업 하나 안정되게 만들기 위한 노력을 생각해 보면 답은 쉬울 것이다. 결론적으로 풍수지리를 제대로 하기 위해서는 먼저 풍수지리가 무엇을 요구하고 있는지 잘 파악하여야 할 것이다.

풍수 한마디!

집안을 개선하지 못하는 풍수이론은 무엇인가 생각해 볼 여지가 있다. 땅은 거짓이 없듯이, 모셔진 유골은 자손에게 있는 그대로의 영향을 미치게 된다. 이러한 사실이 진실임에도 집안을 개선하지 못하는 이론은 분명 잘못이 있는 것이다.

조상님을 편히 모셔야 하는 이유와 방안

산행을 하면서 우연한 기회에 만나게 되는 산소와 자손 간의 관계는 많은 생각을 하게 한다. 요즘은 추석 명절이 다가오니 모든 자손이 조상님 산소를 정성스럽게 가꾸는 모습을 자주 보면서 효심 많은 그분들로 하여금 가슴 뭉클하기까지 하다. 참 좋은 일이다. 그러면서도 한편으로는 가슴이 아픈 것은 어찌 된 연유인가?

이와 관련하여 '조상님을 정말로 편히 모실 수 있는 쉬운 방안은 없는가?'라는 질문을 해 보면서 이러한 생각을 해 본다. 목련존자 어머니는 자식이 공부를 끝내고 돌아오면 어머니로서 온 정성을 쏟기 위해 먹을 것, 입을 것을 아끼면서 자식을 기다리셨다고 한다. 그러나 끝내는 자식에게 어머니로서의 보람을 건네주지 못하고 돌아가셨고, 목련존자는 어머님의 삶이 궁금하여 불가에서 이야기하는 선정에 들어 살펴보니 어머니가 지옥에서 크나큰 고생을 하고 계심을 알았다고 한다. 그 후 목련존자는 어머니를 극락왕생하실 수 있도록 자식으로서 할 수 있는 모든 방법을 동원하여도 완전한 뜻을 이루지 못하자 부처님의 가르침에 따라 온 세상의 부처님과 스님들께 어머님의 극락왕생법회를 열어서 기원을 올리는 제를 지냈다고 하는데 이 제사가 오늘날 불가에서 백중날 행사하는 '천도제'라 한다.

그러면 우리는 어떠한가? 조상님들께서 극락왕생하셨는지에 대해 한번 제대로 생각해 보았는지, 극락왕생은 고사하더라도 묏자리 하나 진실로 편안하신지에 대해 제대로 한번 생각해 보았는지 뒤돌아 볼 일이다. 이에 대해서는 필자 역시 부끄러울 뿐이다.

그러나 여기서 우리는 우리 조상님이 극락왕생도 못 하고 편안한 자리에 계시지도 못하다면 이의 원인은 무엇인가를 생각해 보아야 할 것이다. 이 모든 근본 원인은 바로 자손인 나 때문이며 지사나 풍수의 몫이 아니고 바로 목련존자 부처님처럼 자손인 나의 몫이다.

따라서 우리는 조상님의 안위에 책임이 있다고 할 수 있다. 이 책임을 다한다면 조상님은 편히 계실 것이다. 여기에서 우리는 풍수공부를 많이 했다고 하는 지사 선택을 먼저 생각하게 되는데 이제부터는 순서를 바꾸어서 먼저 자손으로서의 도리를 다하고 난 연후에 일을 추진해 줄 수 있는 지사를 선정한다면 그만큼 조상님을 위한 일은 쉽게 풀릴 것이다. 지사를 선정할 시에는 무엇보다도 그 지사의 용사작품을 살펴보고 작품마다 집안이 개선된 것을 확인하여 선정하는 것이 현명할 것이다. 무조건 세태를 따르기보다는 온 가족이 한마음으로 진지하게 생각하고 검토하는 것이 중요할 것이다. 우리의 전통에서 꼭 장손만이, 아니면 어려운 자손만이 이를 생각해서는 안 될 것이다. 산소의 발음은 모든 자손에게 고루 똑같이 발생하는 것은 아닌 것 같다. 비록 조금의 어려움 있다 하더라도 온 가족이 좋은 방향으로 서로 양보하면서 좋은 결과를 도출한다면 이 얼마나 아름다운 자손들의 모습인가? 장자발복지이니, 차자 발음지이니, 외손 발음지이니 하면서 가족 형제간 좋지 않은 모습이 있다고 한다. 아마도 이러한 내용을 경계하여 풍수고전에서는 자손들이 발음을 계산하지 말고 조상님의 편안함을 우선하여야 한다고 기록하고 있는가 보다.

풍수한마디!

풍수지리에서 패철은 아주 중요하다. 이는 인간의 능력의 한계를 극복하는 데 도움을 주는 도구지만 풍수지리 공부에서는 중요한 도반이 아닐 수 없다. 여기서는 참고로 깊이 있게 생각해 보아야 한다는 뜻에서 다음과 같이 이야기하고자 한다. 패철은 일반적으로 지반정침, 인반중침, 천방봉침을 사용한다. 이 셋은 방위를 가리키는 것이다. 5층과 7층과 9층, 즉 천산과 투지와 분금은 방위를 가리키는 것이 아니고 용을 타고 흐르는 기의 맥선을 찾는 것이라고 한다. 그러나 문제는 이 천산과 투지는 패철을 통해서 맞추는 것이 아니라 육안으로 보이지 않는 기맥선을 확인하는 것이라는 것이다. "육안으로 보이지 않는 기맥선을 확인"하여야 한다는 이 점을 깊이 있게 연구하여야 올바른 패철을 사용할 수 있게 될 것이다.

줄기세포보다 더 소중한
조상님 산소!

황우석 박사로부터 터져 나온 줄기세포에 대한 기대는 정말로 사람에게 소중하고 고귀한 연구라 생각한다. 제목과 달리 하루빨리 줄기세포 연구는 성과를 나타내어 인간의 삶을 윤택하게 하여야 한다. 이유도 모른 채 불치병에 시달리는 수많은 사람들! 얼마나 고통스럽겠는가? 백 번, 아니 만 번을 물어도 줄기세포에 관한 연구 성과를 누가 기다리지 않겠는가?

그러나 줄기세포를 기다리기 이전에 줄기세포를 필요로 하는 불치병의 원인을 찾아 없앨 수 있다면 이는 줄기세포를 연구하는 것보다 훨씬 더 중요할 것이다. 풍수지리를 연구하면서 산소에 수맥파나 지전류 등 유해파라고하는 것과 염이 들어간 자리에 있는 조상 묘는 그 직계자손 중에 반드시 우환, 즉 불치병 또는 파산 등이 존재함을 확인할 수 있었다. 좀 더 구체적으로 언제 어느 자손이 더 치명적인가까지 확인된다면 풍수지리를 다시금 생각하게 될 것이다. 이러한 결과론에서 줄기세포를 희망차게 기다리는 현실과 이러한 불치병이 발생하는 원인이 없어질 수 있다면 아니 50%만이라도 줄일 수 있다면 얼마나 좋겠는가?

그렇다! 줄기세포의 성과도 참으로 중요하지만, 무엇보다도 우리 후손들의 건강한 삶을 위해서는 조상님의 산소를 잘 살펴보아야 한다는 것이다. 즉 수맥파, 지전류 등 전기적 성질 또는 나쁜 기운 등을 피해서 생기가 모여 있는 곳에 자리하고 있는지, 천광부터 시작하여 염은 들지 않았는지 잘 살펴보아야 한다. 염이 들어가지 않고 생기가 흐르는 밝은 땅에 조상님을 모신 가정을 보면 줄기세포를 필요하기는커녕 행복한 삶과 또한 주변 사람들로부터의 부러움의 대상이 되고 있는 것이다. 아쉬움이 있다면 이러한 일들을 잘하실 수 있는 분을 만나기가 어렵다는 점이 아쉬운 점이라고 할 수 있다.

따라서 황우석 박사의 줄기세포 연구 성과도 소중하지만, 미래를 생각하면 조상님 산소를 보살피는 일이 훨씬 더 소중하다고 생각한다.

그러나 우리에게는 이러한 소중한 조상님 모시기가 있음에도 이를 인식하지 못함이 안타깝다. 매스컴과 과학의 외형에 가려서 소리 한 번 지르지 못하고 묻혀 버려질 수도 있는 조상님 모시기를 새롭게 조명하는 것이 줄기세포를 무한정 기다리는 것보다 소중하다고 생각된다. 요즘 더해가는 화장 문화에 대해서는 많은 궁금함을 자아내게 한다. 정말 아무런 해가 조상과 자손에게 없는지? 중요한 것은 화장 문화의 결과가 정말 무해무득하다는 객관적 사실이 하루빨리 나타나기를 기원해 본다.

풍수 한마디!

풍수지리를 진실로 안다면 할 수 없는 일이 몇 가지 있다는 것을 알게 될 것이다. 그 첫째가 좋은 자리와 나쁜 자리는 망인이 한세상 살다 간 그 결과에 따라 이미 정해져 있다는 것을 알게 된다. 따라서 초장에 임할 수 없음을 알게 되고, 둘째는 학회와 교습소 같은 곳이 많은데 이러한 곳에서 진실한 마음으로 후학을 양성하기가 어렵다는 것을 알게 되고, 셋째는 내가 먼저 어떤 산소의 잘잘못을 누설해서 바르게 할 수 있다고 자랑해서는 안 되며, 넷째는 내가 어떻게 한세상을 살아야 하는가를 알게 된다.

유능한 지사 선정을 위한 제언

산소감정을 의뢰하거나 이장을 하기 위해 새로운 자리를 찾고자 할 때 지사가 행하는 일들이 단순히 패철로 확인한 후 좌향, 입수, 주변사격 및 산소에 대한 평가 등을 말로만 결론짓는 지사는 믿지 않는 것이 좋다. 이러한 수준은 일 년만 공부해도 누구나 다 할 수 있다. 이에 더하여 언변이 뛰어나면 속지 않을 사람이 없다 하겠다.

왜냐하면, 말로만 이야기하여 모든 것이 정확하다고 한다면 이는 신만 가능한 행동이기 때문이다. 세상에 이러한 식으로 풍수지리를 하는 신은 없다. 또한, 있어도 지사 일은 하지 않는다고 생각된다.

그러면 어떠한 지사를 선정하여야 하는가?

첫째, 형세적으로나 이기적으로 기본적인 사항을 검토하고,

둘째, 땅속에 흐르고 있는 살기와 생기에 대한 검토를 하고,

셋째, 검토결과를 갖고 실증적 방법으로 자손과의 인과를 밝힌 후,

넷째, 자손에 대한 동기감응을 확인하여 옳고 그름을 판단한 후 가정의 내력을 밝힐 수 있어야 한다. 이는 이장에서도 같은 원리로 객관적으로 입증할 줄 알아야 진정한 지사이다.

따라서 지사를 선정하고자 한다면 위와 같은 내용을 참고하여야 하나 이를 객관화하기는 쉽지 않다. 먼저 지사의 가정과 지사가 남긴 작품을 살핀 연후에 위와 같은 사실을 입증하는 지사분이라면 신뢰를 하여도 좋을 것이다. 어느 지사가 단순한 이론과 패철의 수준으로 우연하게 편안한 장소를 찾았다면 이는 단순히 우연일 뿐으로 신뢰 이전의 문제다.

그리고 지사 분들 역시 지사의 길에 들어서서 실행에 옮기고자 한다면 위와 같은 자신을 만든 연후에 실행에 옮겨야 할 것이다. 용진혈적한 명당혈 한 자리의 값어치가 수만금보다 더 소중하다면 내 집부터 살피는 것이 진실일 것이고, 이 한 자리를 구하여 조상님을 편안하게 모셨다면 구태여 지사 일을 하고 살지는 않을 것이다. 물론 중생구제의 업을 타고난 운명이라면 모르지만……

또한 내가 편안하고 진실로 지사로서 공부에 눈을 떠서 수만금보다 소중한 자리를 알 수 있고 이를 사용할 줄 안다면 인터넷이나 갖은 홍보매체를 통하여 자랑할 이유가 과연 필요한지 생각해 볼 일이다. 돈 많고 출세한 사람은 타인 앞에 과시는 할지언정 나를 알리려고 홍보활동은 하지 않음을 참고하면 이해가 갈 것이다.

아마도 풍수지사는 내 삶을 풍요롭게 하기보다는 남을 풍요롭게 하는데 더욱 흥미를 갖는 사람일 것이다. 이러한 분은 욕심이 없는 사람이기에 옛말에는 지사를 선인이라 불렀는지도 모른다. 따라서 집안의 큰일을 하

고자 할 때에는 선인라고 할 수 있는 지사 분을 찾아야만이 실수가 없다. 모든 지사 분들이 내가 최고라고 하는 말은 어제오늘의 이야기가 아니다. 중요한 것은 결과물로 내가 최고임을 나타내야 진정한 지사일 것이다. 이 장을 하고자 하는 집안 대부분은 어려움 때문에 이장을 생각하는 것이지 좋은 집안에서 더 좋아지기 위한 욕심으로 이장을 하는 집안은 드물다. 그렇다면 좋은 결과를 발생시킨 지사분의 능력이 진실한 능력일 것이다.

풍수 한마디!

혈은 일석지지로 존재한다고 하면서 몇 미터 대 혈 운운은 참으로 어리석은 이야기이다. 몇 미터라면 어찌 일석지지가 될 수 있는가? 물론 드물게 큰 혈은 있으나 손쉽게 이야기할 만큼 존재하지는 않는다.

뼈대가 있는
집안을 만들자

       우리는 모두 살아오면서 아마 이 한 마디는 집안 어른들로부터 들었을 것으로 생각된다. '우리 집안은 대대로 뼈대가 있는 집안이다!' 어쩌면 현시대에는 어울리지 않고 거북하기까지 한 어감으로 느껴지기도 할 것이다.

    그러나 풍수지리를 공부하고 보니 이보다 더 훌륭한 집안 가꾸기 말은 없는 것 같다. 결론부터 이야기하자면 집안이 편안하고 자손이 잘되기 위해서는 뼈대가 있어야 한다는 것이다. 오늘날 장묘문화는 이 막강한 뼈대를 없애자고 하는 문화로 발전하고 있으니 안타까운 일이 아닐 수 없다.

    그러면 왜 뼈대가 있어야 하는가?

    동기감응의 실체를 부인할 수 없다 보니 더욱 그렇다. 이 뼈대가 있다 함은 그 집안의 권력과 부의 상징으로 자랑스러운 가문이었음을 암시하는 내용이다. 이 말은 땅속에 조상님의 유골이 잘 보존되고 있다는 것이다. 즉 조상님의 유골이 좋은 명당 혈에 모셔져 있어서 산화되지 않고 잘 보존되어 있다는 것이다. 즉 뼈대가 있다면! 그 집안은 자손들이 우환 없이 번성하여 이름을 드날리게 되고, 일찍 산화되고 물이 차고 벌레가 생기고 흉측하게 변화되어 소골되어 간다면 자손들이 각종 우환으로 몰락하게 되는데 이 경우는 뼈대가 없는 것이다.

이 얼마나 무서운 이야기인가? 필자는 산소 감정을 통해서 너무도 혁혁하게 인식하고 객관적으로 확인하고 보니 정말로 무섭기조차 하다. 조상님을 좋은 자리, 즉 염이 들지 않고 건수도 침입하지 않고, 유해파도 피하고, 햇볕이 밝게 비추는 그러한 자리에 편안하게 모신다면 얼마나 조상님과 나는 행복할 것인가? 생기가 흐르는 자리 일명 명당 혈이라면 더 무슨 말이 필요하겠는가?

자, 지금부터 우리는 뼈대가 있는 집안을 만들어야 한다. 뼈대가 있으므로 우리의 어리석음을 늦게나마 극복할 기회가 주어진다. 즉, 알 수 없는 집안의 우환과 질병에 대한 가족력을 극복할 수 있기 때문이다. 유전병은 없다고 해도 과언이 아닐 것이다. 단지 잘못 모신 산소를 통해서 자손에게 동기감응 원리로 몇 대를 걸쳐 이어지는 원인을 밝히지 못함에서 인위적으로 만든 병명, 즉 유전병 · 가족력 운운하는 것일 것이다.

이제 100%는 아니라 하더라도 상당 부분 확인이 되었으니 모두가 뼈대 있는 집안으로 만들어 우환에서 벗어나자! 뼈대를 잘 보존하여 조상님도 좋고 나도 좋고 일거양득이 아닌가! 이보다 더 쉬운 일이 또 어디 있는가? 이에 더하여 풍수에서 전해오는 이야기로는 "뼈도 못 추린다!", "집안이 쑥대밭이 되었다!"라는 이야기도 있다. 이를 해석해보면 산소에 물이 차는 흉지이기에 모두 소골되어 파묘를 해도 간추려서 옮길 만한 뼈가 없다는 것이고, 쑥대밭이 되었다는 것은 묘지에 유해파가 지나가는 경우 쑥 등이 잘 자라게 되는데 이 역시 산소자리가 좋지 않음을 이야기하는 것이다. 이에 더하여 가족 간 가족력으로 표현될 만한 질병이 있다든지, 가족 간 서로 원수처럼 지낸다든지, 사업이 잘되는 듯하다가 뜻하지 않게 실패하는 자손들이 있다든지, 똑똑한 자손이었는데 시험만 보면 실패한다든지 등도 역시 산소를 살펴보아야 한다.

풍수한마디!

풍수공부를 잘하기 위해서는 아집을 버려야 한다. 진리의 길목에는 많은 복병이 있을 수 있다. 특히 풍수지리를 극복하는 길목에는 아주 많은 복병이 있다. 첫째가 자신만의 지식과 이론이 최고라고 하는 복병이다. 둘째로 새로운 이론과 실기를 거부하는 데 있다.

화장 문화에 대한 의견

진묵대사께서 어머님 제사에 올린 제문 내용을 빌려 이야기하고자 한다.

열 달 동안 태중의 은혜를 무엇으로 갚으오리까?
슬하에서 3년 동안 길러 주신 은혜 또한 잊을 수 없습니다.
만세 위에 만세를 더하여도 자식의 마음에는 오히려 불만이 오는데,
백 년 생애에 백 년도 못 채우시니
어머님의 수명은 어찌 그리도 짧으십니까.
한쪽 표주박을 들고 길에서 걸식하는 이 중은
이미 말할 것이 없거니와
규중에 비녀를 꽂고 들어앉아

아직 출가하지 아니한 어린 누이야

어찌 슬프지 아니하겠습니까.

상단 불공도 마치고 제사도 끝나니

스님네는 제각기 방으로 찾아들었습니다.

앞산은 첩첩하고 뒷산은 겹겹 한데

어머님의 혼은 어디로 돌아가셨습니까.

아! 애 닳으오이다.

"여기 이 묘는 만경 현 불거 촌에서 나서 출가 사문이 된 일옥의 어머니를 모셨는바 누구든지 풍년을 바라거나 질병이 낫기를 바라거든 이 묘를 잘 받들지어다. 만일 정성껏 받든 이가 영험을 못 받았거든 이 진묵이가 결초보은 하리라"* 라는 말씀도 남기셨다고 한다.

위 내용은 많은 사람이 익히 알고 있는 진묵대사가 지은 어머니에 대한 제사 제문으로 알려지고 있다. 요즘 장례문화에 대해 비록 단적이기는 하지만 이 제문을 빌어 화장 문화를 다시 한번 생각하고자 한다.

여기서 첫째, 진묵대사는 스님으로서 화장을 몰라서 어머니를 묘지에 장사를 지냈을까? 둘째, 어린 누이가 시집가고 나면 제사를 올릴 자식도 없는데 왜 묘지에 모셨을까? 셋째, 묘지를 돌볼 사람도, 제사를 받들 사람도 없는데 그것도 어머니 산소를 돌보아주기를 몸과 마음을 바쳐 정성스럽게 만인에게 간구하고 있는 뜻은 무엇을 의미하는가? 위의 내용을 조용히 생각해 보면 화장 문화에 대해 많은 의구심을 갖게 한다. 이 글을 보시

---

*   출처 : http://alfoqnf.blog.me/

는 분들은 스스로 좋은 결과가 있으시기를 기원해 본다.

더욱이 진묵대사님의 사례 외에도 중국의 육조 혜능대사, 조선 중기의 큰 스님 사명대사, 벽송대사 역시 조상님들을 화장하지 않고 좋은 명당에 모셔져 있음을 방문해본 사실이 있다. 부득이 집안 사정상 한 평의 땅도 없고, 있다고 한들 물이 차고 벌레나 나무뿌리가 들어갈 곳이라면 어찌하겠는가? 이러한 경우라면 그래도 화장을 하여 양지바른 좋은 땅에 모셔드리는 것이 좋을 것이라고 생각한다.

요즘 갑자기 나타난 수목장은 나무가 자라는 원리를 생각한다면 피하는 것이 좋을 것이다. 나무는 수생이고 습생이기 때문에 나무가 잘 자라는 땅은 풍수에서는 좋은 땅이라고는 할 수 없기 때문이다. 물이 있고 습하다면 유골은 검게 되고 가족들에게는 우환이 있다고 한다면 이 부분은 다시금 생각해 볼 일이다. 일부 중국 고전 풍수지리서에는 나무가 무성하게 자라는 곳을 좋은 곳으로 평가하고 있는데 이 의미와 수목장과는 많은 점에서 차이가 있음을 생각해야 한다. 여기서 나무가 무성하게 자라는 곳이라 하면 바위가 많은 곳이 아니고 흙이 많은 곳을 의미하는 것이다.

풍수 한마디!

끝없는 풍수지리 논쟁은 무엇인가? 그것은 바로 혈이냐 아니냐이다.

산을 대하는
조그만 마음가짐

풍수지리를 사랑하고자 한다면 무엇보다 먼저 생각이 떠오르고 만나는 것이 눈에 보이는 산이다. 이 산은 수많은 형태로 나타나고 사라지지만, 전혀 말과 행동이 없이 조용하게 이루어진다. 이러한 산을 대하는 우리는 다음과 같은 몇 가지 부분을 생각해야 된다고 생각한다.

첫째, 산, 즉 자연은 자연 그대로 세상에 순응한다는 것이다. 아무런 의식과 생각을 하지 않고 자연 그대로의 삶을 살아가고 있다고 할 수 있다. 따라서 산을 대하는 우리는 이러한 산을 이해하고 진심으로 고요한 자신을 만들고 대하여야 할 것이다. 이에는 어떠한 욕심과 욕망도 더욱이 자만심도 가져서는 안 된다.

둘째, 산은 아무리 자신을 미워하고 시기하고 질투하여도 이에 대해 불쾌하다는 반응을 나타내지 않고 모든 것을 포용하고 받아들인다는 것이다. 그 속에는 추함도 있고 아름다움도 있고 무서움도 있고 영리함도 모두 가지고 있지만 전혀 이를 표시하지 않고 어쭙잖은 우리네 인간을 넓은 마음으로 포용한다는 것이다. 따라서 우리는 산을 사랑하고 존중하는 마음이 사랑하는 자식과 아내의 마음을 헤아리듯 그러한 마음으로 이해해야 한다.

셋째, 산은 무서운 매를 들고 있음을 알아야 한다. 아무리 포용하는 마음이 하해와 같다 하더라도 우리네 인간의 어리석고 탐욕 많은 성품으로 자연을 거역한다면 자연은 어김없이 무서운 매질을 한다는 것이다. 따라서 산에 대한 사랑을 받기 위해서는 먼저 자연의 두려움을 배워야 한다. 그러지 않고서는 돌이킬 수 없는 아픔을 겪고 나서야 알게 된다는 것이다.

넷째, 산은 바르지 않고서는 바른 속내를 보이지 않는다. 따라서 우리네 인간은 스스로 바르려고 하는 노력이 없이는 산을 사랑할 수 없을 것이다.

이렇듯 산은 말이 없으면서도 우리네 인간에게 헤아릴 수 없는 사랑으로 가까이 있지만 이를 알지 못하고 경거망동은 하지 않는지 반성해 볼 일이다. 특히, 풍수지리를 사랑하고자 한다면 더없이 경거망동해서는 안 될 것이다. 필자도 처음에는 누구나 생각하는 그냥 산이라는 생각에 머물러 있었지만, 시간이 지나면서 또한 많은 산을 답사하면서 산에 대해 새로운 인식을 하게 되었다. 특히 우리나라는 산이 많은 나라로 되어 있다. 이러한 산들은 우리에게 아름다운 모습을 보이면서 좋은 환경을 만들어 이로움을 주고 있지만 정작 그 아름다움과 이로움을 잊고 있지나 않은지 생각해 보고 싶다. 무엇보다도 산과는 뗄 수 없는 풍수를 생각하는 사람이라면 더욱더 산에 대한 사랑하는 마음을 가져야 할 것이다. 요즘 문명의 발달로 아름다운 산천이 잘리고 무분별하게 파헤쳐지는 모습은 자제되어야 할 모습들이다.

풍수 한마디!

답산이나 간산 또는 관산 시 많은 사람에게서 시각적 차이가 있음을 볼 수 있다. 하나의 묏자리 또는 혈장에 대해 똑같은 풍수지리를 공부하였는데 왜 이렇게 의견이 분분한가?

풍수적 관점에 따라 다를 수 있다고 하겠지만, 이것이 잘못인 줄은 모른다. 다양한 견해를 상대적 시각이라 말할 수 있을 것이다. 즉 나름대로 보이는 대로의 안목과 견해이다.

그러나 이는 풍수에 정통하지 못한대서 기인함이다.

풍수공부가 제대로 되었다면 절대적 시각이 생기고, 이 절대적 시각에서는 공통된 의견을 개진하게 된다. 풍수지리 공부는 절대적 시각을 만들어야 완성된다.

석가탄신일을 맞이하여

음력 4월 8일은 부처님이 탄생하신 날이다. 석가
탄신일에 풍수를 이야기한다는 것이 좀 어색하지만, 평소 중요하게 생각
했던 생각이 떠올라 몇 자 적어 본다.

어느 가정에서나 조상님들의 유택을 잘 관리하고자 하는 마음은 한결같
을 것으로 생각된다. 이는 자손으로서 첫째가는 도리에서 출발하지만, 무
엇보다도 시대가 변화되면서, 더욱이 주된 생활공간이 도시로 이동하면서
관리적인 면에서 근심거리가 아닐 수 없다.

따라서 이러한 환경변화에 대한 각 가정의 고민을 조금이라도 덜어줄
방법이 없을까 생각하던 중 이러한 제안을 하고 싶다. 조상님의 유택을 풍
수에서 말하는 명당 혈에 모신다면 더 무슨 말이 필요하겠는가마는 현실
은 그러하지 못하다. 설령 명당 혈에 모신다고 하여도 이 산 저 산으로 분

산되어 있어서 더욱더 관리가 어려운 실정이다. 이러하다 보니 어느 가정에서나 관리하기 쉬운 봉안당이나 화장 후 강이나 산에 뿌리든지 아니면 가족묘지 형태로 모시는 가정이 급속도로 늘어나고 있다.

이와 같은 일들은 어느 가정에서나 나타나는 현상이자만 어떻게 하면 관리하기가 편안하고 자손들에게 행복한 삶이 이어질 수 있을까? 이것이 중요할 것이다. 그러기 위해서는 첫째, 이러한 일을 하기 전에 먼저 산천을 이해하고 있는 지사를 선정하여야 하는데 이 부분이 가장 어렵다. 현명한 지사를 선정하기 위해서는 무엇보다도 깊은 공부와 인품을 겸비하고 모범적인 삶을 사는 분을 찾아 정성스런 부탁을 드려야 할 것이다. 즉 정성스런 부탁이란 돈이 먼저는 아니고 깊고 성실한 마음을 전하여야 한다는 것이다. 현재 나의 가정보다 평화롭고 행복하게 사는 지사를 찾아 집안의 어려운 사정과 앞으로의 일들을 진심으로 상의하는 것이다. 절대적으로 지사의 삶이 변변치 못하다면 일단은 신뢰를 하여서는 안 될 것이다. 지사 일을 하시는 분은 운명적으로 지사 일을 하지만 그 가족과 형제자매는 행복하다고 누구나 인정할 수 있어야 한다. 왜냐하면, 지리를 아는 분은 최소한 자신의 가정만큼은 평화롭게 이끌어 가야 하지 않겠는가?

둘째, 어떠한 방식으로 일을 추진할 것인가이다. 화장해서 강산에 뿌릴 것인가, 아니면 봉안당을 꾸며서 모실 것인가, 아니면 가족묘를 조성할 것인가, 아니면 사초만 할 것인가, 아니면 더 좋은 땅을 구하여 이장을 해 드려야 할 것인가 등등, 이 부분에 대해 간곡히 권하고자 하는 방식은 가족묘지 형태이다. 화장과 봉안묘 방식은 여러 번 지적하였지만, 자손의 도리를 생각하면 좀은 아쉬움이 남는다. 더 좋은 자리는 여러모로 구하기가 어렵고, 구한다 하더라도 한두 자리 이외는 사용할 수 없으므로 예외로 하고 싶다. 그러면 가족 묘지를 어떻게 조성하여야 하는가이다.

땅에는 산이던 들이던 평지이든 생기가 흐르고 있다. 단지 강약의 차이일 뿐이다. 이러한 생기를 찾아 염이 들지 않도록 정성을 들여 조성하면 될 것이다. 생기는 산보다는 오히려 평지에도 많이 있으나 이를 찾아내기가 어렵다. 여기서 진실하게 많은 공부를 한 지사가 필요한 것이다. 즉 생기를 찾을 줄 아시는 그분! "장자 승 생기"인 것이다! 단지 조상님들 신소 중에 정확한 생기에 모셔진 분들은 될 수 있으면 파묘를 하지 말고 그냥 그 자리에 모셔야 한다. 가정마다 평균 10~20%는 생기에 모셔져 있음을 볼 수 있다. 이 역시 구별은 지사님의 몫이다. 좋은 자리에 있는 분까지 가족묘지 조성 때문에 옮겨진다는 것은 불행한 일이고 아니한 만 못한 것이다.

셋째, 훌륭한 지사님을 만났다면 후손들을 위한 가족묘지도 미리 표시하여 둠으로써 차후 있을 번거로움을 피하는 것이 좋다. 이러한 자리는 야산이든지 평평하고 토질 좋은 땅이면 어디든 상관이 없다. 꼭 청룡, 백호, 주산, 안산 등을 크게 고려할 필요가 없다. 그러면 아마도 땅이 없다고 하는 불편이나 산소로 인한 우환은 나타나지 않을 것이며 가족과 후손은 천명에 의한 평화로운 삶을 살아갈 것이다.

풍수지리를 공부하는 학인이라면 청소부가 아닌 지사님으로 크나큰 선업을 쌓으시길 부처님 오신 날을 맞이하여 진심으로 기원해 본다.

풍수 한마디!

풍수지리를 공부하면서 답산을 하든지 아니면 산소감정이나 묏자리선정에 동참해보면 풍수를 모르는 사람이 없다. 그 이야기들은 아주 틀림없는 이야기임을 알 수 있다. 그러나 이렇게 틀림없는 이야기를 누구든지 할 수 있는 분야가 풍수지리인데 그렇게도 어렵게만 이야기되고 있는지를 생각해 보아야 한다.

　　　　　　오늘은 불가의 5대 명절 가운데 하나인 우란분
절이다. "선망 부모와 시방 법계에 헤매는 일체 유주무주 고혼을 천도하여
극락왕생을 기원하는 날"이라고 한다. 부처님께서 우란분경에서 말씀하
시기를 "나의 제자로서 부모에게 효도를 하는 사람은 마땅히 생각 생각에
선망 부모님과 윗대의 7대 조상을 간절히 추모하고 받드는 정성으로 우란
분회를 베풀어 깊은 은혜를 갚아라"라고 하였다고도 한다.

　　일 년 중 단 한 번 지옥문이 열린다는 우란분절(백중 음 7월 15일)에 지극
정성으로 기도를 올려 불보살님의 가피력으로 선망 부모와 조상 그리고
형제자매 등 인연 있는 영가와 유산 아이들이 고통에서 벗어나고, 불자님
들의 업장이 소멸되어 하시는 일들이 원만히 성취되기를 기원해 본다.

　　그동안 백중날 천도재 또는 평상시 천도재와 풍수지리와의 관련성에 대

해 간접적으로 이야기를 해온 바 있다. 마침 오늘이 백중날이다. 목련존자의 효심에 대한 일화지만 오늘날 우리에게는 많은 점을 생각하게 하는 내용이다.

그동안 필자의 고뇌 속에서 답을 풀지 못했던 부분 중 하나가 과연 명당혈, 즉 해가 없는 평온한 자리에 들어감은 지사의 능력과 덕분인지, 아니면 자손들만의 복인지, 아니면 망인의 평생 살아온 복인지에 대해 정통한 답을 얻기가 너무도 어려웠다. 이를 해결해보고자 그래도 훌륭한 많은 분이 일을 하고 계시다고 판단되는 인터넷상 홈페이지와 카페에 문을 두드리기도 해 보고 자문도 해 보았다. 또한, 본인이 직접 현장 감정을 통해 편안한 자리에 계신 묘를 발견하면 그분의 생전 업적과 한세상 살아온 일화 내지는 생활방식 등을 꼼꼼히 확인하여도 보았다. 평온한 자리에 들어가기까지의 과정 역시 알아보고자 심혈을 기울였던 일들이 새롭게 떠오른다.

이러한 노력의 결과로 정확하지는 않지만, 결론은 지사의 덕분이라기보다는 망인의 살아생전 업보와 자손들의 조상님에 대한 선행, 즉 효행의 결과로 결론을 내리고 있다. 그리고 더욱 놀라운 것은 전 국민의 10%로도 채 안 되는 분들만 평온한 자리에 계시다는 것이다. 그렇다면 나머지 90%를 어찌해야 할 것인가라는 것이다.

아마도 이에 대한 정답은 쉽지 않을 것이다. 그렇지만 오늘 우란분절을 되새기며 살아생전에 자손들의 편안한 삶을 위해 알게 모르게 지은 업장을 소멸해 드리고자 함이 좋을 것으로 생각된다. 이 업장을 소멸하여 드리는 방법 중 한 방법으로 감히 백중 천도제를 권해 본다. 물론 진실되고 정성을 들여야 함은 두말할 필요가 없다. 절에 가서 단지 돈만 주면 제를 올려 준다고 하니까라는 식은 아니 한 만 못하다고 생각된다.

따라서 우리는 오늘같이 좋은 날 혹시라도 나 때문에 무거운 업을 짓고 고생하실지도 모르는 조상님들을 위한 의미 있는 하루가 되기를 진심으로 기원해 본다.

풍수 한마디!

풍수지리를 정확하게 실천하고자 한다면 자신이 알고 있는 이론만이 정통하다는 고정관념을 버려야 한다. 풍수지리는 한 종류의 지리서나 이론으로 모두를 설명할 수 없기 때문이다. 즉 산에 대한 이론과 산맥에 대한 이론과 혈맥에 대한 이론과 좌향에 대한 이론과 분금에 대한 이론과 장법에서의 택일에 대한 이론과 발음에 대한 이론과 형세적 이론과 이기적이론 등이 모두 한 권의 책으로 되어 있는 것이 없기 때문이다.

명당 혈은 지사의 능력에서만 나오는 것이 아니다

풍수지리에 관심이 있든지 아니면 여러 경로를 통해서 풍수라는 이야기가 나오면 무엇보다도 명당이라는 혈과 발음과 우환발생에 대해 관심을 두게 된다. 이미 오랜 역사로 명당 혈은 모두 사용되었다든지, 아니면 정말 명당 혈이 있는지 또는 세상살이는 자기가 타고난 복대로 사는 것이지 명당 혈은 발음이 없다든지 하면서 합리화 식으로 이야기를 하게 된다.

그러면서도 누구네 집은 산소를 잘 써서 집안이 잘된다고 하면 다시금 정말 그런가 하는 호기심을 갖게 되는 현상이 아마 일반적일 것이다. 필자는 여기서 명당 혈의 존재 여부를 이야기하고 싶은 것이 아니라 존재하고 있는 명당 혈을 쉽게 찾는 방안을 제시해 보고자 한다.

첫째, 풍수지사가 명당 혈 운운하는 이야기를 신뢰하지 않아야 한다는 것이다. 지사는 단지 주어진 대로 일만 할 뿐이며 절대로 명당 혈을 갖고 놀며 인간사를 좌지우지할 수 있는 것이 아니기 때문이다. 즉 명당 혈이라는 자리는 천장지비라 하며 지금껏 역사 속에서 답이 없다는 증거가 많이 있다. 예를 들어 지금까지도 어느 지리서만이 옳다고 하는 식의 오랜 역사와 수많은 이론과 수많은 방법론이 명당 혈을 아는 분이 없다는 것을 증명하고 있다 할 것이다. 더욱이 풍수지사의 그 가정을 한편 살펴보기를 바란다. 풍수지리를 가장 잘 알고 있고 이를 삶의 방편으로 삼고 있으며, 세상에서 좋은 일을 한다는 그 분들이 그렇지 못한 사람보다 더 어렵게 사는 이유는 무엇인가이다. 물론 전부가 아니라고는 하더라도 비례적으로 좋지 않은 분이 더 많다는 것은 사실이다.

둘째, 지금까지의 경험과 실증적 검증을 통해 살펴본 바는 지사가 명당 혈을 찾아 용사하여 발음을 만드는 경우보다 망인의 살아생전 선업에 의한 것이 훨씬 사례가 많이 있다는 자체가 곧 지사의 역량에 의함이 아니라는 방증이다. 즉 망인의 한세상 삶의 결과가 있어야 한다는 것이다. 여기서 이야기하는 삶의 결과라는 것은 무슨 일을 하고 살았느냐는 직업적 생활이 아니고 어떠한 마음가짐으로 살았느냐가 답이었던 것이다. 비록 보잘 것없는 직업과 삶이라 하더라도 타인을 배려하는 마음이 많은 분들과 나보다 어려운 사람들을 안타깝게 생각하는 마음으로 삶을 살아온 분들의 결과이다.

셋째, 인과에 의한 보답을 하고자 하는 진솔된 자손들의 마음이 있어야 한다는 것이다. 살아생전에 효를 다했다고 함이 과연 조상, 부모님께서 자손에게 베푼 일에 비하면 얼마나 될는지 생각해 볼 필요가 있다. 여기서 효행과 적선에 대해 좀 더 이야기해 보자. 과연 효란 무엇인가? 부모님에 대한 보답이라고 간단하게 표현할 수 있을 것이고, 적선이라는 의미도 간단에게 남에게 베푼다는 내용이지만 실제로 우리 주변을 살펴보자 과연 효와 적선이라는 단어를 붙여줄 만한 분이 몇이나 있는가? 이 또한 현실에서 편안한 자리에 들어가신 분들의 비율에 비유될 것으로 판단된다.

넷째, 결론적으로 가장 쉽게 명당을 만나는 길은 우리가 살아생전에 만난 분들과 인연 쌓기를 잘하여야 한다는 것이다. 즉 자손으로서 효의 정신이 없이는 돌아가신 조상을 돌볼 수 없으니 명당을 모르는 것이고, 망인의 적선이 없이는 효 있는 자손을 만들기 어려우니 또한 명당을 알 길이 없다. 이러한 인연으로 부와 귀와 사랑스러운 삶은 삼대를 가지 못하고 있는 것이다. 따라서 부단한 마음으로 산소를 찾아보는 마음을 기르고, 사랑스러운 자손들의 지속적 행복을 위해 선을 쌓아 간다면 천지에 널려 있는 명당혈은 지사 없이도 쉽게 만나게 될 것으로 확신한다.

풍수 한마디!

산소를 감정하고 파묘하니 물이 나왔다고 하여 내가 풍수공부를 잘했다고 자만하지 마라. 첫째는 우환이 있으니 감정과 이장을 계획한 것이고, 둘째는 현재 써진 묏자리 대다수가 이러하다. 따라서 누구나 육안으로 깨끗하지 않은 산소를 파묘하면 물이 나온다. 우환 없는 집이 없는 이유이다. 진정한 풍수공부의 완성을 확인하고자 한다면 스스로 어느 집에서나 '탈 신공 개 천명'의 논리를 보여야 한다. 그렇지 못하다면 죽어라고 공부하여야 한다! '탈 신공 개 천명'의 논리를 보이게 되면 사람의 한생과 지리와 인과가 반드시 있음도 자연 알게 될 것이다.

산소관리 시
유의사항

묘지 단장 시 고려사항으로 합장과 삼 합장 및 가족묘지 조성에 대한 우려를 지적하고자 한다. 누구든지 자손이라면 생전에 다정하셨던 부모님을 합장해 드리고자 하는 마음은 동일할 것이다. 그러나 이러한 자손들의 아름다운 마음과는 달리 여기서부터 문제가 발생한다고 생각되기 때문에 이 글을 쓰고 있는 것이다. 이에 더하여 근래에는 풍수지리에 대한 신뢰가 떨어지고 편의주의적 묘지관리 행태로 발전하면서 안타까운 일들이 발생하고 있음도 지적하고자 한다.

먼저 혈자리의 크기에 관해서 이야기하고 싶다. 작은 혈이라도 정혈의 크기는 일반적으로 가로 1~1.5미터, 세로 2미터 이내이며, 이 크기에서도 실제 사용할 수 있는 크기는 이보다 작아서 이장이 아닌 초장 시 두 분을 합장으로 모신다면 한 분은 편안하지만 한 분은 염의 침범이 있게 된다. 그 때문에 가정의 우환은 어김없이 나타나게 됨을 볼 수 있다. 여기서 이야기 하는 혈의 크기를 각종 지리서에서는 '일석지지'로 되어 있다고 표현하고 있다.

이러한 상황이 확실하다면 삼합 장은 더 이야기할 필요가 없을 것이다. 그리고 정혈은 아니지만, 단순히 유해파만 피한다 하더라도 거의 상기의 크기를 벗어나지 않기 때문에 각별한 주의가 필요하다. 모든 사정을 무시 하고서라도 합장이나 삼 합장을 하려고 하는 경우는 먼저 혈장의 크기를 정확히 판단하여 사용할 수 있는 크기인지 확인하고 난 후 용사하여야 염 이 들어가는 우를 피할 수 있을 것이다.

가능한 한 부모님을 편히 모시고자 한다면 합장으로 모시는 것 보다는 생기가 흐르는 각각의 자리를 마련하여 쌍분으로 모시는 것이 오류를 줄 이는 일이다. 글로는 쉬운 일이나 이보다 더 어려운 일은 아마 풍수공부에 서는 없다고 해도 과언이 아니다. 그 이유는 생기가 꼭 산속에서만 또는 산 의 능선에만 있는 것이 아니고 산 밑 평지 가까운 곳에도 있으나 이를 사용 하는 방법이 없기 때문이다. 이러한 평지 생기 혈에만 잘 모셔도 한세상 살 아가는 데 부족함이 없다는 사실을 이해하여야 할 것이다.

다음은 합장과 삼 합장 더 나아가 일렬로 가족묘를 조성하는 경우에는 고도의 풍수지리적 연구가 있어야만 가능하다는 것이다. 이는 어느 정도 땅에서의 살기의 분포가 정형화되어 있는 관계로 첫 번째 묘지 위치를 잘 못 선정하게 되면 다음 묘지부터는 모두 살기의 침범을 받을 수 있기 때문 에 가족묘지는 특히 조심하여야 한다. 이점은 아무리 강조를 하여도 결코 지나치지 않을 것이다. 단순히 한 가정의 문제가 아니라 가족묘지에 조성 된 가정 모두에게 우환이 발생할 수 있기 때문이다. 종종 토지 보상 등으로 일시에 이장하는 가정에서 가족 묘지를 만들고 얼마 지나지 않아 안타까운 현상을 볼 수 있는데 특별히 조심하여야 한다.

화장 등 봉안당 조성에는 찬성을 하지 않으며, 가능한 한 땅에 모시기를 권하는 바이다. 부득이 마땅한 땅이 없을 경우는 화장 후 조그마한 땅이라도 살기를 피해 모시기를 권하고 싶다. 그럴 만한 곳도 없으면 납골형태로 모시지 말고 양지 바른 산천에 모시기를 바란다.

잔디나 주변정리 석물 등을 설치할 때에도 몇 번을 이야기한 바와 같이 현재의 자리에 대한 정확한 분석을 시행한 후 추진하여야 한다. 즉 편안한 자리인 경우는 거의 해가 없으나 그렇지 않은 경우는 사초나 석물 설치 후 뜻하지 않은 우환이 발생했음을 주변에서 볼 수 있었다. 예를 들어 잔디가 잘 살지 않는다든지, 봉분이 허물어진다든지, 동물들에 의해 훼손되었다든지, 습지에서 자라는 식물들이 무성하다든지, 벌레나, 벌집, 개미 등이 많이 있으면서 봉분에 구멍을 내고 있다든지 등등은 반드시 전문가를 통해 산소를 감정받은 후 조치하여야 한다. 한식날이라고 해서 예외는 아니다. 윤달이라고 해서 예외는 아니다. 전통적으로 윤달이나 한식날에 산소를 손보면 해가 없다고들 하는데 이 부분에 대해 인정하고 싶지 않다. 가정의 어려운 일이나 뜻하지 않은 우환은 조상님의 유해가 불편한 데서 기인하는 일들인데 한식날이라고 해서 윤달이라고 해서 불편한 산소가 편안해지겠는가?

풍수 한마디!

무릇 풍수지리는 자연의 한 현상을 발견하는 것이다. 새로운 물질을 만들고 새로운 도구를 만들고 새로운 무엇을 고안하는 일이 아니다. 일부 전통지리 서를 중시하다 보면 이에 골몰한 나머지 기본을 놓치는 경우를 볼 수 있다. 고전 정통지리서는 대부분 중국의 지리서를 번역 또는 모방한 것으로 이를 해석하고 이해하였다 하여 풍수지리를 안다고는 할 수 없다.

풍수공부를 통해서 인과를
풀어버릴 줄 알아야

풍수뿐 아니라 삶에서도 내가 어렵고 힘들어야 조상님 산소를 살펴보기도 하고 아니면 사찰 등을 찾아 제사라도 올려 드리려고 하는 등 어려움을 극복해 보고자 노력을 한다. 이럴 때 풍수적인 면에서는 먼저 지사를 찾아 산소를 살피고 아니면 다른 방도라도 찾고자 한다. 비단 어제 오늘의 일은 아니라고 생각되지만 그래도 이만하면 다행이다.

나의 행복과 불행이 조상님의 산소에서 기인하고 있을지도 모른다고 생각하는 그 자체가 어쩌면 다행스러운 일이다.

정말 조상님의 산소가 후손인 우리에게 아무런 영향이 없고 우리는 타고난 운명대로 최선을 다해 한세상을 살 수만 있다면 얼마나 다행스러운 일인가? 순수한 욕심 없는 마음이 진정 인간의 마음이길 바라지만 알지 못하는 세파에 시달리면서 우리는 방황하고 고민하고 각종 어려움을 겪으면서 살고 있는 것이다. 이런 속에서 우리의 순수한 마음 또한 변질되어 가고 있는 것은 아닌지?

이러한 변질을 유도하는 것이 정말 조상님의 산소가 크나큰 한 축을 담당하고 있다면 우리는 어떻게 하여야 할 것인가? 이를 진실로 인식하고 있다면 마땅히 일을 당하여 부산해하지 않고 미리미리 준비하는 삶을 살아야 할 것이다.

필자는 다시 한번 더 앞에서 주장한 내용을 강조하고자 한다. 미리미리 준비된 삶을 살아야 이 아름다운 세상에서 즐거움에 도취한 춤을 추면서 신명 나게 놀다가 돌아가지 않겠는가? 단순히 현재의 나 자신만을 위한 삶은 결코 조상님을 편히 모실 수 없다. 한세상 살아가는 삶도 역시 편안할 수가 없다. 이것이 자연이 우리에게 소리 없이 내리치는 무서움인 줄을 깨우쳐야 한다. 마음을 고요히 가다듬고 생각해 볼 일이다. 어떤 지사가 유명하고 잘 안다고 하니까 돈 몇 푼으로 명당 얻어 내가 들어가려고 한다면 이는 정말 잘못 생각하는 것이다.

자연은 아무런 계산이 없다! 자연은 아무런 대화도 없다! 자연은 주어진 인과의 결과에 순응만 할 뿐이다! 자연은 인간이 생각하는 것과 같이 계산과 머리로 생각할 줄 모른다. 이처럼 우리 조상님들의 산소 역시 자손들에 대해서는 자연과 같이 동일하다. 내가 지금 우환이 닥쳤으니까 허겁지겁 용하다는 지사를 찾아 이장만 하면 되겠지? 한다면 이는 어불성설이다. 이러하기까지의 인과를 생각할 줄 알아야 한다. 그 인과를 풀어버릴 줄 알아야만이 뜻하는 바를 이룰 수 있다는 것이다.

한세상의 인과는 우리가 이 세상을 떠나서도 존재한다는 것이 참으로 무서움이 아닐 수 없다. 풍수지리는 이렇듯 우리의 삶을 보살피고 있지만 우리는 이를 깨우치지 못하고 있는 것이다. 내 삶이 어렵다면 이는 바로 나로부터 시작된 것이다. 이 나로부터라는 인과를 풀어야 할 것이다. 깊은 인연의 부모님과 조상님을 위해 그분들의 인과를 풀어드리는 것이 자손들의 몫이다. 자신을 위해서라면 이러한 힘든 노력을 하지 않아도 좋다. 그냥 편안하게 주어진 대로 살다 가면 그만인 것이다.

풍수 한마디!

형세분야의 중국원전은 대부분 우리나라에서는 보기 어려운 산도를 그려서 설명하고자 하나 실체를 볼 수 없을뿐더러 이를 모두 이해한다는 자체가 우문이라 하겠다. 그 이유는 아무리 복잡하고 기묘한 산세가 있다 하더라고 혈의 결지는 음양의 법칙을 벗어나지 않는다는 것이다.

산천과 명당의
경이로움

풍수지리를 통한 자연의 경이로움은 이루 말로 표현할 수가 없다. 자연의 신비감을 손에 쥐고 만끽하듯 혈의 결지 모습을 보면 경이롭지만, 한편으로는 얼마나 우리가 나약한가를 느끼게도 한다. 우주의 탄생 등 이 신비로움은 아직도 과학으로 풀어헤치지 못하고 있다. 풍수지리 역시 이론으로는 혈장의 구성요소를 알 수 있지만 어떻게 해서 이렇게 만들어져 있는지는 도저히 이해할 수 없고 경이로움만 느낄 뿐이다. 물론 이론이야 하늘의 모습이 땅에서 나타난 것이라고는 하지만 이로써 모든 것을 설명할 수는 없다.

반면 좋은 혈 근처에 있는 수없이 많은 묵 묘는 가슴 아픈 일일뿐더러 또한 그 원인이 무엇인지? 궁금하지 않을 수 없다. 조물주께서 사람들이 찾아 사용하여 복된 삶을 살아가라고 만들어 놓은 것은 분명한 것 같은데 어찌 이를 사용하는 사람은 그리도 드문 것인가이다.

결론은 망인의 복이라고 하지만 정말 명당에 들어갈 사람이 그렇게도 적은 것인가? 역사를 거슬러 올라가면 그래도 한두 자리는 사용했지만, 후대들은 좋은 자리에 들어간 사람들이 전무하다시피 하니 참으로 의미심장한 일이 아닐 수 없다. 명당 혈은 고사하고 무해무득한 자리라는 곳도 못 들어가니 이는 사람들의 세상살이가 잘못된 것인지, 아니면 풍수지리를 아는 사람이 없는지, 아니면 풍수지리가 없는지 깊이 생각해 볼 일이다.

그러나 풍수지리의 대상인 산과 물과 바람은 천태만상이지만 그 아름다움과 현재까지도 주인을 기다리고 있는 명당 혈은 글로 다 표현할 수 없을 것이다. 이를 글로써 간단하게 설명하는 것이 전부가 아님을 이해하고 기본을 통해 응용하여야 하는 수학공부처럼 기초적 이론을 습득하고 많은 산천을 답산하여 새로움에 눈을 뜬다면 산이 살아 움직이는 듯한 모습이 보일 것이다. 이 살아 움직이는 듯한 모습은 하나같이 균형과 조화를 이루고 있어 마치 유명한 화가나 사진작가라 하더라도 이보다 더 아름답게 표현하지는 못할 그러한 모습이다.

산천의 이러함은 명당 정혈에서만 확인되기 때문에 많은 사람은 이를 의심하고 있으나 풍수지리를 조금만 공부하고 답산을 하다 보면 이를 느낄 수 있을 것이다. 그리고 혈장에서부터 하나하나 자세히 살펴보면 모나고 흐트러짐이 없이 정교하게 풍수 사실을 품고 있음을 확인하게 되는데 이는 조물주의 신묘한 조화로밖에 생각할 수 없다. 정말 놀라지 않을 수 없다. 특히 우리나라는 방방곡곡에 널려 있는 산천이 이렇게 만들어져 있기에 우리의 산천을 금수강산이라 부르는지 모르겠다. 풍수지리를 공부하는 우리는 이렇게 만들어진 현장을 하나하나 꼼꼼하게 살펴서 충만한 아름다움을 만인이 누릴 수 있도록 하여야 할 것이다.

풍수 한마디!

진실한 혈토란 무엇을 말하는가?

혈토에 대해서는 색깔을 통해서 이야기하고 있는데 이는 크나큰 오류임을 지적하고 싶다. 색깔로만 본다면 아름다운 색상이 있는 흙이 모두가 혈토라고 할 수 있다. 그러나 진혈처 주변에서 나오는 흙과 비교하여 보면 주변 흙이 더 아름다운 것이 있음을 볼 수 있다.

따라서 혈토는 생기를 품고 있는 흙이다. 흙 속에서 나오는 생기를 감지하고 느낄 수 있는 노력이 필요하다.

"옛말에 토색명당은 없다"라는 말과 같이 색깔이 정혈과 혈토의 입증은 아니다.

풍수지리를 무서워할 줄 알아야한다

　　우리는 풍수지리를 무서워할 줄 알아야 한다. 어쩜 풍수지리를 무섭고 경외할 줄 모르는 세상 사람들이 더 무섭다고 생각된다. 풍수지리가 무섭고 경외의 대상이라고 할 수 있는 근거를 찾아본다면 무엇보다도 사람의 살아생전 삶의 결과라고 하는 데 있다. 모든 사람은 선하게 살고자 노력한다. 그러나 누구나가 정작 삶에 임해서 이러한 생각을 한시도 잊지 않고 살아가는 사람은 드물다. 지나고 난 뒤 되돌아보면 선한 삶을 살지 못했고 내 욕심에 마음이 이끌려 살아온 삶이 후회스럽고 아쉬움만 남는 결과를 누구나 겪었을 것이다.

　　그러나 풍수지리가 무섭다고 하는 이유는 이러한 현실에 대해서 땅은 용서 없이 후회와 아쉬움 그대로 받아들인다는 것을 대상으로 하는 학문이기 때문이다. 때늦은 후회가 아무런 쓸모가 없으므로 수많은 노력으로 땅을 구하고 지사를 모시고 자리를 선정하나 좋은 자리가 되지 못하는 것이다. 그리고 우리가 풍수지리를 공부해서 알 수 있는 분야는 단순한 일부분이다. 알 수 없는 분야가 더 많다는 것이다. 수십 년을 공부했다 한들 결과는 일 년여 남짓 공부한 사람과 말로 떠들고 글로 일갈하는 수준을 제외하면 별다른 차이가 없다.

즉 핵심은 모르고 주변만을 헤집고 모든 것을 아는 양 하는 것이다. 예를 들면 인터넷이나 매스컴 또는 풍수 공부를 많이 했다고 하는 사람들이 혈토라고 주장하는 그 흙들이 대부분이 혈토가 아니라는 사실조차 모르고 혈토라고 자랑하는 현실에서 순박한 사람만이 속아 집안을 망치는 것이 현실이다. 땅만 파서 색깔만 밝으면 무조건 혈토인 것은 아니다. 혈토에서는 색깔보다도 생기가 있음을 확인할 수 있어야 한다.

또한, 풍수지리서의 내용처럼 혈은 그렇게 존재하지 않는다. 풍수지리서에서 이야기하는 내용은 단지 혈을 숨기고 있는 혈장까지만의 이야기가 대부분인 것을 알아야 한다. 이는 혈의 존재가 규칙적으로 모두 동일한 장소에 존재하지 않기 때문에 이를 구체적으로 표현할 수는 없다. 용과 사와 혈을 구성하는 혈증은 거의 규칙적으로 이루어져 있다. 그러나 혈의 정확한 위치는 육안으로 판단되는 규칙과는 거리가 멀다. 이 부분 때문에 좌향론에서 많은 이야기가 탄생하기도 한다.

즉 좌향만 정확하면 발음이 되는가? 어느 지가서이론으로 패철로 좌향을 정하면 안 된다든지, 때로는 혈만 정확하면 좌향은 무시해도 된다든지, 아니면 패철무용론이 주장되기도 하는 등 이러한 내용은 모두 정확한 혈을 찾지 못한 데서 나타나는 말들이다.

혈장을 제대로 찾는 일도 그리 쉬운 일은 아니다. 혈장을 찾고 난 후 갖가지 이법과 방법론을 제시하여 혈자리를 확인한다고 하지만 이것이 전부는 아니다. 즉, 위에서 말한 바와 같이 혈은 그렇게 공식적으로 숨어 있는 것이 아니기 때문이다. 사람은 모두 똑같이 생겼지만, 생김생김이 다르듯 모두가 다른 것이다. 그러나 또한 찾아놓고 보면 지리서에서 이야기하는 바와 다르지 않다는 것을 알 수 있다. 즉, 이러한 모호한 표현같이 애매하다는 것을 알아야 한다. 이렇듯 어렵고 무서운 것이 풍수지리인데 이를 정확하게 알지 못하고 쉽게 생각해서는 안 될 것이다. 쉽게 잘못 생각한 결과는 사랑스러운 내 가정을 말없이 파괴하고 있는 것과 다를 것이 없다. 후손을 사랑하는 마음이 지극하면 지극할수록 풍수지리를 무서워하여야 하고 진지하여야 한다.

풍수한마디!

재혈을 하는 데 의구심이 생겨서 자신이 없으면 일정 기간 지난 다음에 다시 확인해 본다. 그래도 의심이 나면 서두르지 말고 다시 조용하고 차분한 마음으로 확인해 보아야 한다. 그래도 잘 모르면 또다시 찾아가서 확인하여야 한다. 풍수지리에서는 한 번의 실수도 용납되지 않는다. 명당 찾기는 신속하기가 아니라 정확이다.

풍수학인들과
자손들에 대한 제언

풍수지리를 공부하다 보면 많은 유의사항 중에도 다음 사항에 대해서는 신중을 기해야 할 것으로 생각된다.

첫째, 현재 시중에 나와 있는 풍수서들은 정형화된 기본 골격만을 표현한 것으로 세부적으로 설명되지 않았다는 점이고, 고전 지리서는 은유적 표현이 많아서 정확한 해석과 적용이 무엇보다 어렵다고 할 수 있다. 단순하게 글의 내용만 숙지하여 현장에 적용하려 한다면 많은 오류가 있게 된다.

즉 청룡·백호만 하더라도 그 모양이 혈과의 관계에서 지리서와 다른 종류가 많이 있다. 더욱이 용맥의 행도나 혈의 결지 및 혈장에서의 와, 겸, 유, 돌 등은 세부적인 면에서 지리서와 달리 더욱더 복잡하고 다양한 모습을 하고 있다. 글과 말로는 이해가 완벽하다 할 수 없다. 반드시 사용되지 않고 자연 그대로 존재하고 있는 혈을 찾아 실전연습을 하여야 왜 그런가 하는 원인을 이해하는 데 도움이 될 것이다. 책을 예로 든다면 『금낭경』의 해석에 대해서도 중국의 『사고전서』본 해석과 우리나라의 규장각본 해석이 다른 부분이 많은데 서로가 동일한 내용을 다르게 해석하고 있다는 점을 생각해 볼 수 있다.

따라서 이를 극복하고 정확한 이해를 위해서 반드시 필요한 부분이 유능하신 분을 모시고 현장에서 꼼꼼히 확인하여 산천의 변화무쌍한 모습을 읽을 수 있는 눈을 새롭게 떠야 한다. 아무리 훌륭한 이론을 강습받고 이를 설명할 수 있다 하더라도 산천을 정확히 살피고 읽을 수 없다면 이는 무용지물이 된다. 혈을 찾기 위해서 혼자 하는 공부는 너무도 힘들고 한계가 있다. 또한, 지리서 내용만으로도 안 되기 때문이다. 이를 전통적으로는 '구전심수'라 표현하는 데 정말 옳은 말이라 생각된다.

그리고 공부의 성과를 얻고자 한다면 선업 인연이 자손이나 망인에게 있어야 한다는 것을 확인할 줄 알아야 한다. 사심 없는 마음가짐을 갖고 있는 사람이 편안한 자리를 차지할 수 있다는 것을 현실로 알 수 있는 공부를 하여야 한다는 것이다. 정말 무엇으로 어떻게 확인하여야 하는가가 문제지만 그렇다고 해서 이를 무시해서는 안 된다. 마음을 가라앉히고 조용한 명상을 통해 많은 공부를 한다면 어느 정도 극복할 수 있을 것으로 생각된다. 단지 발음만을 위해서 풍수지리를 공부하고 활용하고자 한다면 정답은 영원히 찾을 수 없다. 풍수지리에 대해 지금까지 많은 분이 연구하고 이를 책으로 발표하고 또한 자신이 최고임을 주장하였지만, 위와 같은 사실을 밝힌 분은 중국의 양균송 선생과 그의 제자 몇 분 외에는 아직 없는 것으로 알고 있다. 우리나라에서는 도선대사나 무학대사 등을 이야기할 수 있지만, 이분들의 사례와 자료가 그리 많지 않음을 볼 때 쉽게 단언하기는 어려운 것이다.

이와 같은 현실은 많은 의미를 함축하고 있다. 이 점을 생각하면서 깊이 있게 접근한다면 좋은 결과가 있을 것이다. 자손들은 진실한 마음으로 조상님의 편안한 유택을 걱정하여야 하고 그러한 걱정을 해소하기 위해서는 먼저 조상님들께서 자손들을 잘 키우기 위해 알지 못하고 지은 업보를 자손들이 풀어드릴 수 있어야 한다. 아마도 이것이 풍수지리에서 말하는 효의 실천이 아닌가 생각된다.

특히 오늘날 황금만능주의의 팽배로 질서가 무너지고 어지러운 세상으로 변했다. 이럴 때일수록 풍수지리를 공부하는 사람들은 마음이 흐트러지지 않도록 각별한 마음가짐이 필요하다. 아마도 이러한 세상을 예견이라도 하듯 이미 말씀으로 전해지고 있는 성경과 불경의 가르침을 조그만 생각해 보면 이해가 갈 것이다.

풍수 한마디!

풍수지리에 대해 나보다 더 잘 아는 사람이 있다고 생각한다면 함부로 타인의 산소에 대해 이러쿵저러쿵 하지 마라!
풍수에서는 '모두가 나와 똑같구나!' 하는 생각이 들면 이제 공부가 좀 된 줄을 알아야 한다. 그런데 풍수 세상에는 답도 없이 내가 제일 잘한다고 생각한다. 이것이 가장 어리석은 생각이고 불행한 생각이다.

산소와 가정을 살펴서
행복한 삶을 사는 지혜

땅속에서 올라오는 기운에는 여러 가지 종류로 불리는 파장들이 존재한다. 현재까지는 이를 수맥파, 자기맥파, 지전류, 지자기교란, 커리맥, 하트만맥 등으로 불린다. 그렇지만 이러한 연구는 있지만 이에 대한 원인과 정의가 아직 통일되지 않고 있으며 이의 실체 또한 객관적으로 통일된 결론은 없다.

그러나 풍수지리를 연구하면서 산소를 살펴본바 이러한 파장들은 살아 있는 많은 동물에게 좋지 않은 영향을 미친다는 것이 공통점이라는 것을 발견하였다. 따라서 이러한 해로운 파장들을 통칭하여 '지구 유해파'라 이름 하고 개괄적 사례들을 살펴보고자 한다. 앞으로 많은 연구가 필요하다고 생각된다. 이러한 유해파에 대해서는 필자의 석사학위논문에서 어느 정도 밝힌 바 있다.

유골에 유해파가 미쳤을 때

유해파가 묘지 속 망인의 유골에 영향을 미치게 되면 우선 유골의 모습은 검은색으로 변화되면서 푸석푸석하게 소골되어 간다. 여기에 더하여 광중에는 물이 찬다든지, 육탈이 안 된다든지, 나무뿌리나 벌레 등도 기생하며 또는 곰팡이 같은 물질도 자라는 예도 있다. 풍수에서는 이를 "염"이 들었다고 한다. 염에는 화렴, 풍렴, 충렴, 수렴 등으로 분류한다. 땅속에서 올라오는 유해파는 망인유골과 광중에 이러한 염이 생기게 하는 원인 중 하나인데 이럴 때, 자손 중에는 아래와 같이 유해파가 침범된 유골 부위에 상응하는 질환이 발생하거나 파산 등 어려움을 겪게 되는 경우가 있다.

유해파가 시신의 두개골 부위

유해파가 유골의 머리부위를 침범한 경우 정신질환, 백혈병, 만성두통, 치매, 저능아, 뇌졸중, 이비인후계통의 질병 등이 생길 우려가 있다. 특히 우울증이나 정신분열증 등 신경정신과와 관련된 질병이 발생하며 가족 중에 자살하는 사람 또는 매우 약하면 편두통에 시달리는 예도 있다. 어떤 이유든 뇌수술 받은 사람도 여기에 해당한다. 더욱이 가족이나 자손 중 현재 식물인간 상태로 있는 사람이 있는 예도 있다.

유해파가 심장 및 목 부위

유해파가 유골의 가슴부위를 침범한 경우 자손 중에는 협심증, 고혈압 등 심장질환으로 시달리거나, 갑상선, 기관지, 폐 관련 질병, 목 디스크, 견비통 등이 생길 우려가 있다. 요즘 주변에서 심심찮게 나타나는 고혈압 협심증 등이 이에 해당된다고 할 수 있다. 또한, 이러할 때 아이들에게는 천

식으로 잘 낫지 않아 고생하는 경우가 많으며 어른인 경우는 폐암이나 기흉 등으로 고생하는 분들도 있다.

유해파가 배 및 복부 부위

유해파가 유골의 복부 부위를 침범한 경우는 각종 위장병, 신장병, 장 기능 저하, 간암 및 간 질환, 허리 통증 및 척추디스크, 성 기능 장애, 자궁 관련 각종 질병, 유산, 불임 등이 생길 우려가 크다. 특히 자손 중 고질적인 허리 디스크 및 위암, 대장암 등의 질병으로 고생하며 디스크에 걸리면 수술을 하더라도 완치되지 않고 재발하는 때도 있다. 복부 중에서도 아랫배부위와 골반부위를 흐르면 이혼하는 자손이 있게 되며, 성 기능 저하와 불임의 경우가 나타나든지 아니면 자궁암, 물혹 등의 수술을 받게 되는 자손이 있을 수 있다.

유해파가 무릎 및 하체 부위

무릎관절염 및 류머티즘, 하체의 각종 장애가 나타날 수 있다. 어린아이들은 다리를 잘 다치거나 약하게 된다. 나이가 들면서 관절염으로 고생하는 자손이 있게 된다. 운동하는 경우는 다리부위를 많이 다치게 된다. 골반부위면 여성에게는 자궁에 질병이 발생할 확률이 높고 자손 중에 결혼을 못 하거나 이혼하는 사람이 생길 수 있다.

머리부위에서 다리부위로 유해파가 흐르는 경우

유해파가 유골의 머리부위에서 종으로 다리부위로 흐르는 경우는 갑작스러운 사고나 파산이 일어나는 경우가 많다. 갑작스런 정신 관련 질병, 간암 관련 질병과 뜻하지 않은 교통사고 등으로 고생하며 아무리 약을 써도 치유가 되지 않는 경우가 많다. 사업파산 역시 생각지도 못한 일로 나타나게 된다. 주로 이러한 경우는 자손들에게는 뜻하지도 않은 일로 우환과 파산이 나타나게 된다. 이러한 경우는 주로 조상님을 모시고 3년 전후나 8년을 전후해서 나타나는 경우를 자주 볼 수 있다. 그리고 지구 유해파는 직계 후손들의 인체에 동일하게 영향을 미치지만, 신체적 우환이 나타나지 않으면 사업의 파산이나 사고를 당하게 되는 등 뜻하지 않은 일로 가정에 우환이 나타나게 되는 경향이 있다.

가정과 사무실

- 자고 일어나면 몸이 찌뿌둣하였는데 밖으로 나가서 활동을 하면 개운해지는 느낌을 받는 경우라면 유해파를 의심해 볼 수 있다.
- 이사나 잠자리를 옮기고 나서 관절염, 두통, 만성피로, 불면증 등의 증상이 생겼다면 유해파를 의심해 볼 수 있다.
- 잠자리에서 숙면하지 못하고 선잠을 자며 악몽을 자주 꾸는 경우는 유해파를 의심해 볼 수 있다.
- 자녀가 이사나 방을 옮기기 전보다 집중력이 떨어지고 무기력해진 것 같으면 유해파를 의심해 볼 수 있다.
- 어린아이가 전에는 그러지 않았는데 잠자리를 옮긴 후로는 잠을 제대로 못 자든지, 자고 나면 땀을 많이 흘리며 신경질적이 되었다면 유해파를 의심해 볼 수 있다.
- 사무실의 책상 주변에 유해파가 있으면 판단력 감퇴, 능률저하, 정신 불안 등으로 업무 처리가 순조롭지 못하다.

- 유해파가 흐르는 곳의 건물은 튼튼하게 지은 건물이라도 수직으로 균열이 가고, 축대가 무너지는 증상이 나타난다.
- 유해파가 흐르는 곳에 음식물을 두면 쉽게 변질된다.
- 환자용 침대 밑으로 유해파가 흐르면 환자의 회복이 늦어질 수 있다.

조상님 사후 자손들의 꿈

- 꿈에서 고인의 안색이 밝지 못하고 검은 빛깔이었다.
- 꿈에서 고인의 모습이 생전의 모습보다 초라하고 힘들어하는 모습이었다.
- 꿈에서 고인이 입고 있는 옷은 지저분하고 깨끗하지 못한 것 같았다.
- 꿈에서 고인이 찾아오셔서 화난 모습을 하거나 노려보는 모습이었다.
- 꿈에서 고인의 집이라고 하는데 왠지 어둠침침하고 불결해 보인다.
- 꿈에서 고인이 나타나 춥고 배고프다고 하면서 무엇인가를 요구한다.
- 꿈에서 고인이 집에 가기 싫다고 하면서 방황하는 모습이다.

조상님 사후 가정의 변화

- 후손 중 자살하는 사람이 생기거나, 가출, 이혼하는 자손이 생겼다.
- 가족 중 교통사고를 자주 내기도 하며 사고를 당하는 자손이 생겼다.
- 사업이 잘 되다가 뜻하지 않게 실패를 거듭한다.
- 집안에 병명이 나오지 않는 병에 시달리는 자손이 생겼다.
- 후손 중에 갑자기 우울증 또는 정신 질환자가 생긴다.
- 주식이나 도박으로 상당히 많은 재산을 탕진하였다.
- 평상시에는 공부를 잘하는데 시험 때마다 자주 떨어진다.

- 성실했던 사람이 갑자기 돌출 행동을 하는 자손이 생겼다.
- 집안에 이유 없이 관재 구설, 송사 등으로 시달린다.
- 화목했던 가족 간 불화, 불효, 불충한 일들이 생긴다.

묏자리 조성 시와 현재 상태

- 묏자리 광중에서 파낸 흙에 크고 작은 돌들이 많이 있었다.
- 묏자리 광중 바닥까지 나무뿌리가 심하게 들어와 있었다.
- 묏자리에서 파낸 흙이 건조하지 않고 습기가 많아 축축하였다.
- 묏자리에서 파낸 흙의 색깔이 검은 빛이 많이 들어 있었다.
- 묏자리 광중 바닥이나 양 옆면에 선명한 선이나 무늬가 있었다.
- 산소의 봉분이 조금씩 무너지고 잔디가 자라지 못하여 없는 상태다.
- 산소의 봉분에 잡초나 이끼 등이 많아 사초를 해도 없어지지 않는다.
- 산소의 봉분을 자세히 보면 두더지, 쥐, 벌레들이 드나든 구멍이 나 있다.
- 산소 봉분 가운데에 도토리나무나 알 수 없는 나무가 자라고 있다.
- 산소 봉분의 잔디가 진한 색을 띠고 키가 크게 자란다.
- 산소 봉분을 멧돼지 등 동물들이 파헤친다.
- 산소의 봉분을 자세히 보면 전체적으로 이끼가 있고 기울어진 것 같다.
- 산소 앞의 상석이 기울어지거나 갈라지고 넘어진 적이 있었다.
- 산소에 사초나 석물 등을 설치하고 난 후 집안에 우환이 생겼다.
- 가족 묘지를 만들고 난 후 집안에 우환이 생겼다.

풍수 한마디!

가정이 화평하기를 바라거든 조상님 산소를 잘 보살피면 된다. 문제는 어떻게 살피는 것이 잘 살피는 것인가가 문제이다. 오늘은 우란분절이다. 이 우란분절부터 깨달아야 답이 있다. 정성껏 풀을 깎고 외형을 꾸미는 것도 중요하지만, 진실한 것은 추운 겨울에는 따뜻한 안 방에 있는 것이다.

1 장례나 이장 시 참고사항

■ 중상일(重喪日), 복일(復日), 중일(重日)

중상일은 상(喪)이 거듭된다는 뜻으로 장사 일에는 불가하여 삼일장 예정이라도 오일장으로 해야 한다고 한다. 그러나 지금은 이러한 구별 없이 장례식장에서 대부분 삼일장으로 하고 있다. 예전에는 이날을 상당히 무섭게 생각하여 중요하게 고려하였다. 복일과 중일은 흉사에는 더욱 흉하고 길사에는 더욱 길하다는 날이다. 가능하다면 중상일, 복일, 중일을 고려하는 것이 좋을 것으로 생각된다.

구분(陰曆)	1月	2月	3月	4月	5月	6月	7月	8月	9月	10月	11月	12月
重喪日	甲	乙	己	丙	丁	己	庚	辛	己	壬	癸	己
復日	巳亥	巳亥	巳亥	巳亥	巳亥	巳亥	巳亥	巳亥	巳亥	巳亥	巳亥	巳亥
重日	甲庚	乙辛	戊己	丙壬	丁癸	戊己	甲庚	乙辛	戊己	丙壬	丁癸	戊己

■ 하관일(下官日) 하관시(下棺時)

장사 일에 최종 망인을 묏자리에 안장하는 길하다는 날과 시간이다.

下官日	子	丑	寅	卯	辰	巳	午	未	申	酉	戌	亥
下棺時	午申	巳申	辰巳	午未	辰巳 申	辰午 未	午申	巳申	辰巳	午未	辰巳 申	辰午 未
下官日	甲	乙	丙	丁	戊	己	庚	辛	壬	癸	-	-
貴人時	未	申	酉	酉	未	申	未	午	巳	巳	-	-

■ 입관길시(入官吉時)

염을 끝마치면서 시신을 입관하는데 아래의 시에 맞추어 입관하면 길하다는 시간이다.

日辰	子	丑	寅	卯	辰	巳	午	未	申	酉	戌	亥
時間	甲庚	乙辛	乙癸	丙壬	甲丁	乙庚	丁癸	乙辛	甲癸	丁壬	庚壬	乙辛

■ 취토방(取土方)

하관 때에 광중에 처음 넣을 몇 줌의 흙을 떠는 방위인 생토방(生土方)과 성분할 때의 흙을 사용하는 사토방(死土方)이다.

구분(陰曆)	1월	2월	3월	4월	5월	6월	7월	8월	9월	10월	11월	12월
生土方	子	巳	卯.辰	午	申	戌	午	未	酉	午	申	戌
死土方	午	亥	戌.亥	午	寅	辰	子	丑	卯	子	寅	辰

■ 호충(呼沖)

장사 일의 일간(日干)과 참배객의 생년 년간(年干)이 동일하고, 지지가 상충하는 사람과, 장사 일의 일진과 참배객의 생년이 간충, 지충 하는 사람은 시신을 광중에 하관하는 순간을 보지 말고 잠시 피해야 한다고 한다. 그렇지 않으면 화를 당하며, 상주도 이에 해당한다고 한다. 아래 표에서 장일이 甲子日이라면 甲午生이 호충에 해당한다.

葬日	甲子	乙丑	丙寅	丁卯	戊辰	己巳	庚午	辛未	壬申	癸酉	甲戌	乙亥
呼沖生年	甲午	乙未	丙申	丁酉	戊戌	己亥	庚子(甲子)	辛丑(乙丑)	壬寅(丙寅)	癸卯(丁卯)	甲辰	乙巳
葬日	丙子	丁丑	戊寅	己卯	庚辰	辛巳	壬午	癸未	甲申	乙酉	丙戌	丁亥
呼沖生年	丙午	丁未	戊申	己酉	庚戌(甲戌)	辛亥(乙亥)	壬子(丙子)	癸丑(丁丑)	甲寅	乙卯	丙辰	丁巳
葬日	戊子	己丑	庚寅	辛卯	壬辰	癸巳	甲午	乙未	丙申	丁酉	戊戌	己亥
呼沖生年	戊午	己未	庚申(甲申)	辛酉(乙酉)	壬戌(丙戌)	癸亥(丁亥)	甲子	乙丑	丙寅	丁卯	戊辰	己巳
葬日	庚子	辛丑	壬寅	癸卯	甲辰	乙巳	丙午	丁未	戊申	己酉	庚戌	辛亥
呼沖生年	庚午(甲午)	辛未(乙未)	壬申(丙申)	癸酉(丁酉)	甲戌	乙亥	丙子	丁丑	戊寅	己卯	庚辰(甲辰)	辛巳(乙巳)
葬日	壬子	癸丑	甲寅	乙卯	丙辰	丁巳	戊午	己未	庚申	辛酉	壬戌	癸亥
呼沖生年	壬午(丙午)	癸未(丁未)	甲申	乙酉	丙戌	丁亥	戊子	己丑	庚寅(甲寅)	辛卯(乙卯)	壬辰(丙辰)	癸巳(丁巳)

■ 정상기방(停喪忌方)

이는 광중을 기준으로 상여나 관을 놓는데 꺼리는 방향으로 이 방위를 피한다.

巳酉丑年日 ……	艮方(丑艮寅),	申子辰年日 ……	巽方(辰巽巳),
亥卯未年日 ……	坤方(未坤申),	寅午戌年日 ……	乾方(戌乾亥)

■ 제주불복방(祭主不伏方)

　　장사당일에 삼살방(三殺方;劫煞, 災殺, 歲殺)이라 하여 피한다. 寅午戌年月日은 亥子丑方, 申子辰年月日은 巳午未方, 巳酉丑年月日은 寅卯辰方, 亥卯未年月日은 申酉戌方.

巳酉丑年月 ……	劫煞은 寅,	災殺은 卯,	歲殺은 辰
亥卯未年月 ……	劫煞은 申,	災殺은 酉,	歲殺은 戌
申子辰年月 ……	劫煞은 巳,	災殺은 午,	歲殺은 未
寅午戌年月 ……	劫煞은 亥,	災殺은 子,	歲殺은 丑

■ 선파방(先破方)

　　새로운 장지를 파거나 구묘를 개봉할 때 이 방위로부터 파기 시작하는 방위이다.

正月, 二月, 三月(春) 南方,	四月, 五月, 六月(夏) 北方
七月, 八月, 九月(秋) 東方,	十月, 十一月, 十二月(冬) 西方

② 파묘(破墓)대상 음택 및 신묘(新墓) 좌향 설정 시 사용 오행

■ 홍범오행(洪範五行)

　　홍범오행은 매년 오행이 납음오행(納音五行)으로 바뀌는 것이 특징이다. 즉 卯의 경우 오행의 木이지만 아래의 오산년운표(五山年運表)와 같이 천간이 甲·己년에는 辛未로 바뀌어 납음오행이 土가 된다. 홍범오행은 장사년의 좌(坐)의 납음오행을 장사년의 납음오행이 극하는 년극(年剋)을 보는 데 사용한다. 년극이란 태세(太歲)의 납음오행이 홍범오행의 산운(山運)을 극하는 것을 말하는데, 새로 쓰는 신묘(新墓)의 좌(坐)가 년극에 해당하면 좋지 않다고 한다.

　　예를 들어 2013년 癸巳 납음오행은 장류수(長流水)이다. 오행상 水가 극하는 것은 火이다. 아래 오산연운표에서 癸巳年의 태세 간합(干合)이 되는 戊癸 난을 보면 水가

극하는 火는 己未 火운으로 홍범오행의 火山에 해당하는 木山 卯, 艮, 巳좌(坐)가 되어 2013년 癸巳년에는 연극(年剋)에 해당하여 불리하다고 판단한다.

■ 오산년운표(五山年運表)

新山運 (洪範五行)	酉丁乾亥 (金山)	卯艮巳 (木山)	壬午丙乙 (火山)	甲寅辰巽 戌子辛申 (水山)	癸丑 坤庚未 (土山)
甲己 年	乙丑 金運	辛未 土運	甲戌 火運	戊辰 木運	戊辰 木運
乙庚 年	丁丑 水運	癸未 木運	丙戌 土運	庚辰 金運	庚辰 金運
丙辛 年	己丑 火運	乙未 金運	戊戌 木運	壬辰 水運	壬辰 水運
丁壬 年	辛丑 土運	丁未 水運	庚戌 金運	甲辰 火運	甲辰 火運
戊癸 年	癸丑 木運	己未 火運	壬戌 水運	丙辰 土運	丙辰 土運

■ 납음오행(納音五行)

甲乙年 甲乙年	甲子乙丑 海中金	甲戌乙亥 山頭火	甲申乙酉 泉中水	甲午乙未 砂中金	甲辰乙巳 覆灯火	甲寅乙卯 大渓水
丙丁年 丙丁年	丙寅丁卯 爐中火	丙子丁丑 澗何水	丙戌丁亥 屋上土	丙申丁酉 山下火	丙午丁未 天河水	丙辰丁巳 砂中土
戊己年 戊己年	戊辰己巳 大林木	戊寅己卯 城頭土	戊子己丑 霹靂火	戊戌己亥 平地木	戊申己酉 大駅土	戊午己未 天上火
庚辛年 庚辛年	庚午辛未 路傍土	庚辰辛巳 白蠟金	庚寅辛卯 松栢木	庚子辛丑 壁上土	庚戌辛亥 釵釧金	庚申辛酉 石榴木
壬癸年 壬癸年	壬申癸酉 劍鋒金	壬午癸未 楊柳木	壬辰癸巳 長流水	壬寅癸卯 金箔金	壬子癸丑 桑柘木	壬戌癸亥 大海水

■ 구묘 생왕방

舊墓生旺方	
方法1	乾甲丁巽庚癸坐 (金), 起胞於 寅 巳生 酉旺 艮丙辛坤壬乙坐 (木), 起胞於 申 亥生 卯旺 寅午戌申子辰坐 (火), 起胞於 亥 寅生 午旺 巳酉丑亥卯未坐 (水), 起胞於 巳 申生 子旺
方法2	乾甲丁坐 (陽金) 巳生 酉旺　巽庚癸坐 (陰金) 子生 申旺 艮丙辛坐 (陰木) 午生 寅旺　坤壬乙坐 (陽木) 亥生 卯旺 寅午戌坐 (陽火) 寅生 午旺　申子辰坐 (陽水) 申生 子旺 巳酉丑坐 (陰土) 卯生 亥旺　亥卯未坐 (陰土) 卯生 亥旺

이는 쌍분이나 이장할 때 구묘의 참파 시 구묘의 생방이나 왕방을 건드리거나 쌍분은 참파할 때 범해서는 안 된다는 방위다. 생방을 건드리면 자손의 수명의 피해를 보고, 왕방을 건드리면 자손의 재산의 해를 본다고 한다.

❸ 파묘대상 음택 및 신묘 좌향설정시 참고

■ 동총운(動塚法)

동총법이란 구묘의 좌를 보고, 묘의 개장이나 이장, 면례 여부 등을 결정하는 데 활용한다. 따라서 중상에 해당하는 년만은 피하는 것이 좋을 것이다. 단, 제살을 할 수 있으면 사용해도 무방하다고 한다.

구묘(舊墓)의 좌(坐)	大利年	小利年	重喪年
乙, 辰, 巽, 巳, 辛, 戌, 乾, 亥	寅, 申, 巳, 亥	辰, 戌, 丑, 未	子, 午, 卯, 酉
艮, 寅, 甲, 卯, 坤, 申, 庚, 酉	子, 午, 卯, 酉	寅, 申, 巳, 亥	辰, 戌, 丑, 未
壬, 子, 癸, 丑, 丙, 午, 丁, 未	辰, 戌, 丑, 未年	子, 午, 卯, 酉	寅, 申, 巳, 亥

이미 쓰여 있는 묘를 딴 곳으로 옮기는 것은 첫째, 동총 법으로 구묘가 대리(大利), 소리(小利)에 해당하는 좌만 쓰고, 중상운의 좌는 건드리지 말아야 한다. 둘째, 새로 옮기는 음택지에서 좌향을 설정할 때는 태세의 삼살, 좌살, 세파 등에 해당하는 좌는 될 수 있으면 피해야 한다.

■ 삼살방(三煞方)

천기대요에는 삼살이란 살 가운데 가장 중한 것으로 삼살 방으로 향을 놓을 수는 있으나, 좌를 범하지는 말라고 하였다. 또한, 제살하는 방법도 삼살이 쇠절하는 시기를 골라 납음으로 제하여 길성으로 화하거나, 고인이나 제주의 생년의 납음오행이 다행히 살을 제압하는 오행이 되거나, 또는 행사 당일의 월 · 일 · 시 등으로 제살하여 사용하면 가능하다고 하고 있다.

■ 三殺 · 坐殺 · 太 · 煞

태세(太歲)의 납음이 산운을 극하면 연극(年剋)이라 한다. 즉 태세와 상충하는 좌(子年 午坐. 丑年 未坐. 寅年 申坐 등), 그러나 망인의 생년이나 제주의 생년 납음 및 조장하는 월, 일, 시의 납음이 태세납음을 역으로 극을 하면 제살이 된다고 한다.

區 分	新墓坐 三殺. 坐殺. 歲破坐
三殺 및 坐殺	申 子 辰 年 …… 巳 午 未坐 三殺. 丙 丁坐 坐殺 巳 酉 丑 年 …… 寅 卯 辰坐 三殺. 甲 乙坐 坐殺 寅 午 戌 年 …… 亥 子 丑坐 三殺. 壬 癸坐 坐殺 亥 卯 未 年 …… 申 酉 戌坐 三殺. 庚 辛坐 坐殺
太歲煞	歲破坐……太歲와 相冲되는 坐 (子年 午坐. 丑年 未坐. 寅年 申坐 등)

• **삼살(三殺)** 『천기대요(天機大要)』살(殺) 중에서 가장 중한 살로 여긴다. 삼살방(三殺方)으로 향은 놓을 수는 있으나, 좌를 범하지 말라 하였다. 삼살이란 해마다 그 방위를 옮겨가는데, 申子辰년에는 子와 상충을 하는 午方인 남쪽에 있다가, 巳酉丑년에는 酉와 상충인 卯方의 동쪽으로 옮겨가고, 寅午戌년에는 午와 상충이 되는 子方인 북쪽에, 亥卯未년은 卯와 상충이 되는 酉方의 서쪽으로 옮겨간다. 삼살을 일명 12신살(神殺)의 겁살(劫殺), 재살(災殺), 세 살(歲殺)이라고 한다. 그러나 부득이 삼살을 범할 경우는 망인 또는 제주의 생년 납음이나 행사하는 年月日時로 제살하면 된다고 한다.

• **좌살(坐殺)** 삼살과 함께 해마다 방위를 옮겨가는 중(重)한 살로 매년 두 개의 천간자가 좌살이 된다. 즉, 당해 태세(太歲) 지지(地支)와 삼합(三合)이 되는 지지중앙의 자와 상충을 이루는 지지자 양쪽에 있는 천간자가 좌살이다. 예를 들어 2013년 癸巳의 지지 삼합이 되는 것은 巳酉丑이 된다. 삼합의 중앙 酉字와 상충이 되는 것은 卯字가 된다. 24좌에서 卯字의 양쪽으로 배치되는 천간자는 甲과 乙이기 때문에, 2013년의 좌살은 甲坐와 乙坐가 해당한다.

• **세파(歲破)** 당해 태세(太歲)의 지지(地支)와 상충(相冲)을 이루는 지지자로 매년 한 개의 좌가 세파에 해당한다. 예를 들어 2013년 癸巳年인 경우, 지지와 상충을 이루는 것은 동북쪽의 亥가 해당하기 때문에 세파는 亥坐가 된다.

■ 大將軍殺

대장군 살은 3년마다 좌선하는 살이다.

寅卯辰 年 …… 子方(北方), 巳午未 年 …… 卯方(東方)
申酉戌 년 …… 午方(南方), 亥子丑 年 …… 酉方(西方)

■ 回頭剋坐

회두극좌란 본인이 출생한 해의 기운에 따라 상극을 받는 방위가 고정되어 있는데, 만약 그 상극을 받는 방위로 머리를 두게 되면 극을 받는다는 살이다. 일부지사들이 죽은 자는 좌를 피하고, 산 자도 머리나 좌를 하면 안 된다는 것으로, 주로 합장 여부를 가릴 때 사용되고 있다.

回頭剋坐	
生年	剋坐
甲子, 癸酉, 壬午, 辛卯, 庚子, 己酉, 戊午	剋坐 無關
乙丑, 甲戌, 癸未, 壬辰, 辛丑, 庚戌, 己未	戌, 乾, 亥坐
丙寅, 乙亥, 甲申, 癸巳, 壬寅, 辛亥, 庚申	庚, 酉, 辛坐
丁卯, 丙子, 乙酉, 甲午, 癸卯, 壬子, 辛酉	丑, 艮, 寅坐
戊辰, 丁丑, 丙戌, 乙未, 甲辰, 癸丑, 壬戌	丙, 午, 丁坐
己巳, 戊寅, 丁亥, 丙申, 乙巳, 甲寅, 癸亥	壬, 子, 癸坐
庚午, 己卯, 戊子, 丁酉, 丙午, 乙卯	未, 坤, 申坐
辛未, 庚辰, 己丑, 戊戌, 丁未, 丙辰	甲, 卯, 乙坐
壬申, 辛巳, 庚寅, 己亥, 戊申, 丁巳	辰, 巽, 巳坐

■ 삼원자백법(三元紫白法)

자백법의 명칭에 대해서는 차이가 있다. 삼원백(三元白), 삼원백영정국(三元白永定局)*, 삼원자백정국(三元紫白定局)**, 삼원자백법(三元紫白法)***, 삼원자백(三元紫白)****, 등

*   대한역법연구소, 『천기대요(天機大要)』, 남산당, 1977.
**   산광주 저, 정통풍수지리학 원전, 한국자연지리학회.
***   이규상저, 『천하명당 여기에 있다』. 신아출판사, 1999.
****   김동규저, 『택일은 동양철학의 꽃이다』. 명문당, 2004. 및 김동석 저, 『택일학전서』, 동양서적, 1980.

약간의 차이가 있으나 내용은 동일하다. 따라서 여기서는 현재 일반인들에게 알려졌다고 판단되는 있는 '삼원자백법'의 약칭인 '자백법'으로 사용하고자 한다.

자백법은 낙서구궁도를 기본으로 한다. 아래 그림은 낙서구궁의 위치와 해당 숫자 그리고 방위가 표시되어 있다. 낙서구성의 숫자가 1→2→3→4→5→6→7→8→9→1로 진행되는 것을 순행이라 하고, 반대로 9→8→7→6→5→4→3→2→1→9로 진행하는 것을 역행이라 하며, 年, 月, 日, 時 자백은 해당하는 중궁수를 찾아 해당 중궁수를 낙서구궁도의 중궁에 넣고 순행 또는 역행으로 돌려 구성도에 새롭게 채워진 숫자를 기준으로 판단하게 된다.

자백이란 구성 중에서 자와 백에 해당하는 一白탐랑성(貪狼星), 六白무곡성(武曲星), 八白좌보성(左輔星), 九紫우필성(右弼星)을 인간의 행복과 강녕을 주재하는 사길성(四吉星)으로 보아, 좌향에 1, 6, 8, 9가 들면 좋은 것으로 판단한다. 반대로 좌향이나 중궁에 대흉수인 "2"와 "5"가 들면 좋지 않은 것으로 판단한다.

《九宮図(紫白 基本 配置図)》

四綠	九紫	二黑
三碧	五黃	七赤
八白	一白	六白

자백법은 자백길성이 머무는 궁위에 좌향 또는 조장 연월일시를 정하는 법으로 제살구복법이라고도 한다.

자백법의 운용은 다음과 같이 상원(上元), 중원(中元), 하원(下元)과 연자백(年紫白), 월자백(月紫白), 일자백(日紫白), 시자백(時紫白)을 분별하여 운용한다.

① 연자백(年紫白)
연자백은 육십(六十年)을 일주기(一周期)로 하여 上元 中元 下元으로 계속 반복한다.

연자백삼원(年紫白三元)
- 年紫白 上元甲子: 1984年 甲子年부터 1923年 癸亥年까지
- 年紫白 中元甲子: 1924年 甲子年부터 1983年 癸亥年까지

• 年紫白 下元甲子 : 1984年 甲子年부터 2043年 癸亥年까지

• 기갑자년(起甲子年) 궁위(宮位)와 입중구성(入中九星)

• 上元甲子는 一白宮에서 起甲子年 한다.

• 中元甲子는 四綠巽宮에서 起甲子年 한다.

• 下元甲子는 七赤兌宮에서 起甲子年 한다.

위 삼원갑자의 기甲子年宮 위에서 각각 甲子를 일으켜 조장당년의 태세(太歲)가 닿을 때까지 구궁도를 역행한다. 바로 그 궁위가 입중구성위(入中九星位)가 된다.

당년(当年) 연자백궁위(年紫白宮位)

위에서 찾은 당년 입중 구성위를 중궁에 넣고 구궁도를 순포하면 당년 자백길성이 머무는 궁위를 알 수 있다.

예1) 下元甲子 甲戌年의 연자백은 첫째, 七赤兌宮에서 起甲子하여 逆行한다. 乙丑은 六白乾, 丙寅은 五黄中, 丁卯는 四綠巽, 戊辰은 三碧震, 己巳는 二黑坤, 庚午는 一白坎, 辛未는 九紫離, 壬申은 八白艮, 癸酉는 다시 七赤兌가 되고, 甲戌年은 六白乾宮이 된다. 다음은 六白을 中宮에 넣고 이번에는 九宮図를 順布한다. 七赤은 乾宮, 八白은 兌宮, 九紫는 艮宮, 一白은 離宮, 二黑은 坎宮, 三碧은 坤宮, 四綠은 震宮, 五黄은 巽宮으로 九星이 포진한다. 그러므로 甲戌当年의 造葬은 一白 貪狼星이 머무르는 이(丙午丁) 坐山, 八白 左輔星이 머무는 兌(庚酉辛) 坐山, 九紫 右弼星이 머무는 艮(丑艮寅) 坐山이 年 紫白宮이다.[*]

예2) 여기서는 도표를 활용하는 방법을 설명한다.

가령 1980년 庚申年은 中元이다. 위 太歲를 찾으면 庚申年이 셋째 줄이고 그 아래 中元을 짚으면 一白이 巽(辰巽巳), 六白이 離(丙午丁), 八白이 坤(未坤申), 九紫가 震(甲卯乙)에 닿는다. 고로 中元 庚申年은 巽 · 離 · 坤 · 震의 十二坐에 紫白의 吉星이

---

[*]   辛侁柱 著,『正統風水地理學 原典』, 韓國自然地理學會, 참조

年\n三元	上元				中元				下元			
	一白	六白	八白	九紫	一白	六白	八白	九紫	一白	六白	八白	九紫
甲子 癸酉 壬午 辛卯 庚子 己酉 戊午	中	坎	震	巽	坤	兌	離	坎	艮	巽	乾	兌
乙丑 甲戌 癸未 壬辰 辛丑 庚戌 己未	乾	坤	巽	中	震	艮	坎	坤	離	中	兌	艮
丙寅 乙亥 甲申 癸巳 壬寅 辛亥 庚申	兌	震	中	乾	巽	離	坤	震	坎	乾	艮	離
丁卯 丙子 乙酉 甲午 癸卯 壬子 辛酉	艮	巽	乾	兌	中	坎	震	巽	坤	兌	離	坎
戊辰 丁丑 丙戌 乙未 甲辰 癸丑 壬戌	離	中	兌	艮	乾	坤	巽	中	震	艮	坎	坤
乙巳 戊寅 丁亥 丙申 乙巳 甲寅 癸亥	坎	乾	艮	離	兌	震	中	乾	巽	離	坤	震
庚午 己卯 戊子 丁酉 丙午 乙卯	坤	兌	離	坎	艮	巽	乾	兌	中	坎	震	巽
辛未 庚辰 己丑 戊戌 丁未 丙辰	震	艮	坎	坤	離	中	兌	艮	乾	坤	巽	中
壬申 辛巳 庚寅 己亥 戊申 丁巳	巽	離	坤	震	坎	乾	艮	離	兌	震	中	乾

닿는다. 이와 같이 상원 중원 하원의 태세에 따른 좌산을 찾게 된다. 예1)의 下院 甲戌 年은 離·兌·艮(中宮은 제외) 九坐가 해당한다.[*]

② 월자백(月紫白)

월자백 역시 上元 中元 下元으로 나누어 각각 입중성위(入中星位)를 가린다.

- 월자백 上元은 조장당년이 子午卯酉年인바 八白艮宮에서 当年 正月의 月建을 일으켜 조장당월까지 구궁도를 逆行한다.
- 월자백 中元은 조장당년이 辰戌丑未年인바 五黃中宮에서 当年 正月의 月建을 일으켜 조장당월까지 구궁도를 逆行한다.
- 월자백 下元은 조장당년이 寅申巳亥年인바 二黑坤宮에서 当年 正月의 月建을

---

[*]   金東奭의 앞의 책 참조.

일으켜 조장당월까지 구궁도를 역행한다.

三元	九宮	正月	二月	三月	四月	五月	六月	七月	八月	九月	十月	十一月	十二月
上元	子午卯酉年	八白	七赤	六白	五黃	四綠	三碧	二黑	一白	九紫	八白	七赤	六白
中元	辰戌丑未年	五黃	四綠	三碧	二黑	一白	九紫	八白	七赤	六白	五黃	四綠	三碧
下元	寅申巳亥年	二黑	一白	九紫	八白	七赤	六白	五黃	四綠	三碧	二黑	一白	九紫

예1) 癸酉年 五月 조장(造葬)은 당년이 上元이므로 八白艮宮에서 당년 정월의 월
건인 甲寅을 일으켜 구궁도를 역행하면 四綠 巽宮이 입중성위(入中星位)이다.
이 四綠을 입중(入中)하고 구궁도를 순포하면 五黃은 乾宮, 六白은 兌宮, 七赤
은 艮宮, 八白은 離宮, 九紫는 坎宮, 一白은 坤宮, 二黑은 震宮, 三碧은 巽宮에
각각 배궁(配宮)된다. 그러므로 癸酉年 五月달의 자백길성(紫白吉星)이 조림
(照臨)하는 좌산(坐山)은 다음과 같다. 一白 貪狼星이 조림하는 未坤申 坐山,
六白 武曲星이 조림하는 庚酉辛 坐山, 八白 左輔星이 조림하는 丙午丁 坐山,
九紫 右弼星이 조림하는 壬子癸 坐山이다.*

年	紫白	正月	二月	三月	四月	五月	六月	七月	八月	九月	十月	十一月	十二月
子午卯酉上元	一白	兌	艮	離	坎	坤	震	巽	中	乾	兌	艮	離
	六白	震	巽	中	乾	兌	艮	離	坎	坤	震	巽	中
	八白	中	乾	兌	艮	離	坎	坤	震	巽	中	乾	兌
	九紫	乾	兌	艮	離	坎	坤	震	巽	中	乾	兌	艮
辰戌丑未中元	一白	坎	坤	震	巽	中	乾	兌	艮	離	坎	坤	震
	六白	乾	兌	艮	離	坎	坤	震	巽	中	乾	兌	艮
	八白	艮	離	坎	坤	震	巽	中	乾	兌	艮	離	坎
	九紫	離	坎	坤	震	巽	中	乾	兌	艮	離	坎	坤
寅申巳亥下元	一白	巽	中	乾	兌	艮	離	坎	坤	震	巽	中	乾
	六白	離	坎	坤	震	巽	中	乾	兌	艮	離	坎	坤
	八白	坤	震	巽	中	乾	兌	艮	離	坎	坤	震	巽
	九紫	震	巽	中	乾	兌	艮	離	坎	坤	震	巽	中

예2) 령 子·午·卯·酉年은 正月에 兌(一白) 震(六白) 中(八白) 乾(九紫)이 자백의

---

* 辛侊柱의 앞의 책 참조.

길성이 임하고 二月에는 艮·巽·乾·兌에 자백이 임한다. 또 辰·戌·丑·
未年 三月이라면 震·坎·艮·坤이 자백의 길방이고, 四月이라면 巽·離·
坤·震이 자백의 길 방이다. 또 寅·申·巳·亥年 중 九月이라면 震·坎·艮
·坤이 길 방이다. 기타 연월도 이 같은 방법으로 본다. 예1)에서 癸酉年 五月
이라면 坤兌離坎이 자백방이다.

③ 일자백(日紫白)

일자백은 1年 365일을 동지(冬至)와 하지(夏至)를 기준으로 양둔(陽遁)과 음둔(陰
遁)으로 나누고, 이를 다시 上元 中元 下元으로 각각 구분하여 紫白吉星을 가린다.

1) 일자백 양둔(日紫白 陽遁) : 동지초(冬至初)부터 망종말(芒種末)까지 전반(前半) 6개월

- 일자백 양둔 上元은 冬至初부터 立春末까지(冬至 小寒 大寒 立春)로 一白坎宮에서 起甲子日
  하여 造葬当日의 日辰星位가 到宮表出될 때까지 九宮図를 順行한다.
- 일자백 양둔 中元은 雨水初부터 淸明末까지(雨水 驚蟄 春分 淸明)로 七赤兌宮에서 起甲子日
  하여 造葬当日의 日辰星位가 到宮表出될 때까지 九宮図를 順行한다.
- 일자백 양둔 下元은 穀雨初부터 芒種末까지(穀雨 立夏 小滿 芒種)로 四綠巽宮에서 起甲子日
  하여 造葬当日의 日辰星位가 到宮表出될 때까지 九宮図를 順行한다.

이와 같은 방법으로 표출된 당일의 日辰宮位의 九星을 中宮에 넣고 이를 順行하면
그날의 紫白吉星이 照臨하는 宮位, 즉 坐山을 알 수 있다.

2) 일자백 음둔(日紫白 陰遁) : 하지초(夏至初)부터 대설말(大雪末)까지 후반(後半) 6개월

- 일자백 음둔 上元은 夏至初부터 立秋末까지(夏至 小暑 大暑 立秋)로 九紫離宮에서 起甲子
  日하여 造葬当日의 日辰星位가 到宮表出될 때까지 九宮図를 逆行한다.
- 일자백 음둔 中元은 處暑初부터 寒露末까지(處暑 白露 秋分 寒露)로 三碧震宮에서 起甲子
  日하여 造葬当日의 日辰星位가 到宮表出될 때까지 九宮図를 逆行한다.
- 일자백 음둔 下元은 霜降初부터 大雪末까지(霜降 立冬 小雪 大雪)로 六白乾宮에서 起甲子
  日하여 造葬当日의 日辰星位가 到宮表出될 때까지 九宮図를 逆行한다.

이와 같은 방법으로 표출된 당일의 日辰九星을 中宮에 넣고 이를 逆行하면 그날의 紫白吉星이 비추는 宮位, 즉 坐山을 알 수 있습니다.

예1) 癸酉年(1993년) 陰3月25일(丁卯日)의 造葬은 陽遁 中元으로 7赤兌宮에서 起甲子日하여 九宮図를 順行하면 乙丑日은 八白艮宮, 丙寅日은 九紫離宮, 丁卯日은 一白坎宮에 해당한다. 이날이 造葬日이므로 一白을 다시 中宮에 넣고, 順行하면 二黑은 乾宮, 三碧은 兌宮, 四緑은 艮宮, 五黃은 離宮, 六白은 坎宮, 七赤은 坤宮, 八白은 震宮, 九紫는 巽宮에 각각 자리하게 된다. 그러므로 癸酉年 陰3월25일(丁卯日)의 日紫白이 닿는 坐山은 六白武曲星이 닿는 坎宮, 즉 壬子癸 坐山, 八白左輔星이 닿는 震宮, 즉 甲卯乙坐山, 九紫右弼星이 닿는 巽宮, 즉 辰巽巳坐山이다. 癸酉年 陰3월25일(丁卯日)의 造葬은 위의 坐山 중에서 局勢 등 當地의 形便에 따라 定坐立向하면 制煞求福되게 된다.

예2) 癸酉年 陰9月初7日(乙亥日) 造葬은 陰遁中元으로 三碧震宮에서 起甲子日하여 九宮図를 逆行하면, 乙丑日은 二黑坤宮, 丙寅日은 一白坎宮, 丁卯日은 九紫離宮, 戊辰日은 八白艮宮, 己巳日은 七赤兌宮, 庚午日은 六白乾宮, 辛未日은 五黃中宮, 壬申日은 四緑巽宮, 癸酉日은 三碧震宮, 甲戌日은 二黑坤宮, 乙亥日은 一白坎宮에 자리하게 된다. 그러므로 己亥日이 一白坎宮이므로 一白을 中宮에 넣고, 이를 차례대로 九宮図를 逆行하면 二黑은 巽宮, 三碧은 震宮, 四緑은 坤宮, 五黃은 坎宮, 六白은 離宮, 七赤은 艮宮, 八白은 兌宮, 九紫는 乾宮이 된다. 癸酉年 9月初7일(乙亥日) 造葬은 六白武曲星이 照臨하는 離宮, 즉 丙午丁 坐山, 八白左輔星이 照臨하는 兌宮, 즉 庚酉辛 坐山, 九紫右弼星이 照臨하는 乾宮, 즉 戌乾亥 坐山이 紫白位가 되며, 이 坐山 중에서 定坐立向하면 制煞求福할 수 있게 된다.*

---

*   辛佐柱의 앞의 책 참조

陽遁 冬至後～夏至前 ／ 陰陽遁

下元 亡種,小滿,立夏,穀雨				中元 清明,春分,驚蟄,雨水				上元 立春,大寒,小寒,冬至				上中下元	
九紫	八白	六白	一白	九紫	八白	六白	一白	九紫	八白	六白	一白	紫白	日辰
坎	離	兌	坤	兌	乾	巽	艮	巽	震	坎	中		甲子,癸酉,壬午,辛卯,庚子,己酉,戊午
離	艮	乾	坎	乾	中	震	兌	震	坤	離	巽		乙丑,甲戌,癸未,壬辰,辛丑,庚戌,己未
艮	兌	中	離	中	巽	坤	乾	坤	坎	艮	震		丙寅,乙亥,甲申,癸巳,壬寅,辛亥,庚申
兌	乾	巽	艮	巽	震	坎	中	坎	離	兌	坤		丁卯,丙子,乙酉,甲午,癸卯,壬子,辛酉
乾	中	震	兌	震	坤	離	巽	離	艮	乾	坎		戊辰,丁丑,丙戌,乙未,甲辰,癸丑,壬戌
中	巽	坤	乾	坤	坎	艮	震	艮	兌	中	離		己巳,戊寅,丁亥,丙申,乙巳,甲寅,癸亥
巽	震	坎	中	坎	離	兌	坤	兌	乾	巽	艮		庚午,己卯,戊子,丁酉,丙午,乙卯
震	坤	離	巽	離	艮	乾	坎	乾	中	震	兌		辛未,庚辰,己丑,戊戌,丁未,丙辰
坤	坎	艮	震	艮	兌	中	離	中	巽	坤	乾		壬申,辛巳,庚寅,己亥,戊申,丁巳

陰遁 夏至後～冬至前 ／ 陰陽遁

下元 大雪,小雪,立冬,霜降				中元 寒露,秋分,白露,處暑				上元 立秋,大暑,小暑,夏至				上中下元	
九紫	八白	六白	一白	九紫	八白	六白	一白	九紫	八白	六白	一白	紫白	日辰
坤	震	中	坎	艮	離	坤	兌	中	乾	艮	巽		甲子,癸酉,壬午,辛卯,庚子,己酉,戊午
坎	坤	巽	離	兌	艮	坎	乾	巽	中	兌	震		乙丑,甲戌,癸未,壬辰,辛丑,庚戌,己未
離	坎	震	艮	乾	兌	離	中	震	巽	乾	坤		丙寅,乙亥,甲申,癸巳,壬寅,辛亥,庚申
艮	離	坤	兌	中	乾	艮	巽	坤	震	中	坎		丁卯,丙子,乙酉,甲午,癸卯,壬子,辛酉
兌	艮	坎	乾	巽	中	兌	震	坎	坤	巽	離		戊辰,丁丑,丙戌,乙未,甲辰,癸丑,壬戌
乾	兌	離	中	震	巽	乾	坤	離	坎	震	艮		己巳,戊寅,丁亥,丙申,乙巳,甲寅,癸亥
中	乾	艮	巽	坤	震	中	坎	艮	離	坤	兌		庚午,己卯,戊子,丁酉,丙午,乙卯
巽	中	兌	震	坎	坤	巽	離	兌	艮	坎	乾		辛未,庚辰,己丑,戊戌,丁未,丙辰
震	巽	乾	坤	離	坎	震	艮	乾	兌	離	中		壬申,辛巳,庚寅,己亥,戊申,丁巳

예3) 가령 양둔(陽遁)(冬至後) 上元 甲子日(甲子, 癸酉, 壬午, 辛卯, 庚子, 己酉, 戊午 日) 이라면 一白이 中, 六白이 坎, 八白이 震, 九紫가 巽이니 坎, 震, 巽方에 자백의 길성이 임하고, 양둔 中元 갑자일이라면 艮(一白), 巽(六白), 乾(八白), 兌(九紫) 方에 자백의 길성이 임한다. 그리고 음둔(陰遁)(夏至後) 上元 甲子日이라면 巽 (一白), 艮(六白), 乾(八白), 中(九紫)이 자백의 길성이 임하고 음둔 中元의 갑자 일 이라면 兌, 坤, 離, 艮이 자백의 길성이 임하는 길방이다. 즉, 예3)의 방법으로 는 일진의 자백방을 보는 데는 첫째 일진이 양둔인가 음둔인가를 구분하고 다 음에 상원인가 중원인가 하원인가를 확인해서 일진에 임하는 자백방을 찾으면 된다.*

④ 시자백(時紫白)

時紫白 역시 양둔(陽遁)과 음둔(陰遁)으로 나누고 이를 다시 上·中·下元으로 구 분하여 운용한다. 陽遁은 冬至初부터 芒種末까지이고, 陰遁은 夏至初부터 大雪末까 지이다. 三元은 60甲子日을 3等分하여 上中下元에 각 20일씩 나누어 배정하고 이에 서 当日 시간별 入中 星位를 아래 시자백조견표를 참조하여 九宮図를 陽遁은 順行하 고 陰遁은 逆行하면 下棺時別 吉凶坐山이 판별할 수 있다.

時紫白 上元은 子午卯酉日, 中元은 寅申巳亥日, 下元은 辰戌丑未日이다.

上元 : 子午卯酉日의 時別入中星位

區分	子時	丑時	寅時	卯時	辰時	巳時	午時	未時	申時	酉時	戌時	亥時
陽遁	一白	二黑	三碧	四綠	五黃	六白	七赤	八白	九紫	一白	二黑	三碧
陰遁	九紫	八白	七赤	六白	五黃	四綠	三碧	二黑	一白	九紫	八白	七赤

中元 : 辰戌丑未日의 時別入中星位

區分	子時	丑時	寅時	卯時	辰時	巳時	午時	未時	申時	酉時	戌時	亥時
陽遁	七赤	八白	九紫	一白	二黑	三白	四綠	五黃	六白	七赤	八白	九紫
陰遁	三碧	二黑	一白	九紫	八白	七赤	六白	五黃	四綠	三碧	二黑	一白

*   金東奭의 앞의 책 참조.

下元：寅申巳亥日의 時別入中星位

口分	子時	丑時	寅時	卯時	辰時	巳時	午時	未時	申時	酉時	戌時	亥時
陽遁	四綠	五黃	六白	七赤	八白	九紫	一白	二黑	三碧	四綠	五黃	六白
陰遁	六白	五黃	四綠	三碧	二黑	一白	九紫	八白	七赤	六白	五黃	四綠

예1) 陰3월15일(丁巳日) 午時의 造葬은 3월 未일 午시로 陽遁中元에 四綠을 중궁에 놓는다. 그러므로 이를 順行하면 四綠은 中宮, 五黃은 乾宮, 六白은 兌宮, 七赤은 艮宮, 八白은 離宮, 九紫는 坎宮, 一白은 坤宮, 二黑은 震宮, 三碧은 巽宮에 자리한다. 癸酉年 陰3월15일(丁巳日) 午時에는 一白 坤宮, 즉 未坤申 坐山, 九紫 坎宮, 즉 壬子癸 坐山, 八白離宮, 즉 丙午丁 坐山, 六白兌宮, 즉 庚酉辛 坐山에 時紫白 吉星이 照臨하므로 그 坐山 중에서 선택하여 造葬下棺하면 制煞求福하게 된다.*

癸未, 壬午, 辛巳, 庚辰, 己卯, 戊辰, 丁卯, 丙寅, 乙丑, 甲子 癸丑, 壬子, 辛亥, 庚戌, 己酉, 戊戌, 丁酉, 丙申, 乙未, 甲午								上元 日辰
陰遁				陽遁				陰陽遁
九紫	八白	六白	一白	九紫	八白	六白	一白	紫白 時間
中	乾	艮	巽	巽	震	坎	中	甲子, 癸酉, 壬午, 辛卯, 庚子, 己酉, 戊午
巽	中	兌	震	震	坤	離	巽	乙丑, 甲戌, 癸未, 壬辰, 辛丑, 庚戌, 己未
震	巽	乾	坤	坤	坎	艮	震	丙寅, 乙亥, 甲申, 癸巳, 壬寅, 辛亥, 庚申
坤	震	中	坎	坎	離	兌	坤	丁卯, 丙子, 乙酉, 甲午, 癸卯, 壬子, 辛酉
坎	坤	巽	離	離	艮	乾	坎	戊辰, 丁丑, 丙戌, 乙未, 甲辰, 癸丑, 壬戌
離	坎	震	艮	艮	兌	中	離	己巳, 戊寅, 丁亥, 丙申, 乙巳, 甲寅, 癸亥
艮	離	坤	兌	兌	乾	巽	艮	庚午, 己卯, 戊子, 丁酉, 丙午, 乙卯
兌	艮	坎	乾	乾	中	震	兌	辛未, 庚辰, 己丑, 戊戌, 丁未, 丙辰
乾	兌	離	中	中	巽	坤	乾	壬申, 辛巳, 庚寅, 己亥, 戊申, 丁巳

---

*   辛侊柱의 앞의 책 참조

戊子, 丁亥, 丙戌, 乙酉, 甲申, 癸酉, 壬申, 辛未, 庚午, 己巳 戊午, 丁巳, 丙辰, 乙酉, 甲寅, 癸卯, 壬寅, 辛丑, 庚子, 己亥								中元 日辰
陰遁				陽遁				陰陽遁
九紫	八白	六白	一白	九紫	八白	六白	一白	紫白 時間
艮	離	坤	兌	兌	乾	巽	艮	甲子, 癸酉, 壬午, 辛卯, 庚子, 己酉, 戊午
兌	艮	坎	乾	乾	中	震	兌	乙丑, 甲戌, 癸未, 壬辰, 辛丑, 庚戌, 己未
乾	兌	離	中	中	巽	坤	乾	丙寅, 乙亥, 甲申, 癸巳, 壬寅, 辛亥, 庚申
中	乾	艮	巽	巽	震	坎	中	丁卯, 丙子, 乙酉, 甲午, 癸卯, 壬子, 辛酉
巽	中	兌	震	震	坤	離	巽	戊辰, 丁丑, 丙戌, 乙未, 甲辰, 癸丑, 壬戌
震	巽	乾	坤	坤	坎	艮	震	己巳, 戊寅, 丁亥, 丙申, 乙巳, 甲寅, 癸亥
坤	震	中	坎	坎	離	兌	坤	庚午, 己卯, 戊子, 丁酉, 丙午, 乙卯
坎	坤	巽	離	離	艮	乾	坎	辛未, 庚辰, 己丑, 戊戌, 丁未, 丙辰
離	坎	震	艮	艮	兌	中	離	壬申, 辛巳, 庚寅, 己亥, 戊申, 丁巳

癸巳, 壬辰, 辛卯, 庚寅, 己丑, 戊寅, 丁丑, 丙子, 乙亥, 甲戌 癸亥, 壬戌, 辛酉, 庚申, 己未, 戊申, 丁未, 丙午, 乙巳, 甲辰								下元 日辰
陰遁				陽遁				陰陽遁
九紫	八白	六白	一白	九紫	八白	六白	一白	紫白 時間
坤	震	中	坎	坎	離	兌	坤	甲子, 癸酉, 壬午, 辛卯, 庚子, 己酉, 戊午
坎	坤	巽	離	離	艮	乾	坎	乙丑, 甲戌, 癸未, 壬辰, 辛丑, 庚戌, 己未
離	坎	震	艮	艮	兌	中	離	丙寅, 乙亥, 甲申, 癸巳, 壬寅, 辛亥, 庚申
艮	離	坤	兌	兌	乾	巽	艮	丁卯, 丙子, 乙酉, 甲午, 癸卯, 壬子, 辛酉
兌	艮	坎	乾	乾	中	震	兌	戊辰, 丁丑, 丙戌, 乙未, 甲辰, 癸丑, 壬戌
乾	兌	離	中	中	巽	坤	乾	己巳, 戊寅, 丁亥, 丙申, 乙巳, 甲寅, 癸亥
中	乾	艮	巽	巽	震	坎	中	庚午, 己卯, 戊子, 丁酉, 丙午, 乙卯
巽	中	兌	震	震	坤	離	巽	辛未, 庚辰, 己丑, 戊戌, 丁未, 丙辰
震	巽	乾	坤	坤	坎	艮	震	壬申, 辛巳, 庚寅, 己亥, 戊申, 丁巳

예2) 가령 양둔 상원일(甲子, 乙丑 …… 壬子, 癸丑日)에는 甲子時(癸酉, 壬午 …… 戊午 同時)라면 中(一白), 坎(六白), 震(八白), 巽(九紫)이 자백의 길방이고, 乙丑時라 면 巽, 離, 坤, 震方에 자백의 길성이 임한다. 즉 우산 행사 일진이 양둔인가 음 둔인가 구분한 다음 그 일진에 따른 시간을 짚으면 자백의 길성이 닿은 곳임을 알 수 있다.[*]

4 생기복덕법을 찾는 법

■ 생기복덕법의 길흉화복

• **생기(生気)** 탐랑(貪狼)으로 극귀지상(極貴之象)이며 매사 형통의 대길한 일진과 방 위다.

• **천의(天医)** 거문(巨門)으로 부귀지상(富貴之象)이며 매사 형통의 대길한 일진과 방 위다.

• **절체(絕体)** 녹존(祿存)으로 병권지상(兵権之象)이며 매사 부진한 일진과 방위다.

• **유혼(遊魂)** 문곡(文曲)으로 준아지상(俊雅之象)이며 이해상반의 별무득실한 일진과 방위다.

• **화해(禍害)** 염정(廉貞)으로 살벌지상(殺伐之象)이며 매사 부진에 인상손재(人傷損 財)한다.

• **복덕(福徳)** 무곡(武曲)으로 극귀지상(極貴之象)이며 매사 형통에 대길한 일진과 방 위다.

• **절명(絕命)** 파군(破軍)으로 호쟁지상(好争之象)이며 매사 부진에 인상다재의 대흉 이다.

• **귀혼(帰魂)** 보필(輔弼)로 간웅탐공지상(奸雄貪恭之象)이며 무사안일하고 별무득실 하다.

---

[*] 金東奭의 앞의 책 참조

- 생기복덕일을 찾는 방법

  一上生気, 二中天宜, 三下絶体, 四中遊魂,

  五上禍害, 六中福徳, 七下絶命, 八中帰魂

  엄지와 검지, 중지와 약지를 통하여, 엄지로 순서대로 검지를 짚고 일상생기하고, 다음 중지를 짚으며 이중천의, 다음 약지를 짚고 삼하절체하면서 돌면 된다. 이때 붙은 손가락은 떼고, 떨어진 손가락은 붙이면 된다. 검지와 중지 약지는 각각 엄지와 괘상을 만든다. 예를 들어 엄지와 검지가 붙고, 나머지가 떨어진 상태면 괘의 맨 위쪽이 붙어 있으므로 艮괘가 된다.

  이 중 생기, 천의, 복덕은 吉日이요, 절체, 유혼은 무해무득, 화해, 절명, 귀혼은 대 흉이니 피해야 한다. 생기일을 택하면 공명을 주관하고, 천의는 손을 주관하니 자손이 번성하고 인정이 왕성하다. 복덕일은 재물과 수명을 주관하니 창고에 재물이 가득하고 장수하게 된다.

5 손 없는 날

손 없는 날은 민간신앙처럼 지금도 많은 사람이 이사할 때 참고하고 있다.

- 손 있는 날

  東 방위에 손이 있는 날: 1, 2, 11, 12, 21, 22일

  西 방위에 손이 있는 날: 5, 6, 15, 16, 25, 26일

  南 방위에 손이 있는 날: 3, 4, 13, 14, 23, 24일

  北 방위에 손이 있는 날: 7, 8, 17, 18, 27, 28일

- 손 없는 날

  음력 그믐날 및 9, 10, 19, 20, 29, 30일

⑥ 고전 풍수서에 나오는 묘를 쓸 때 고려사항

■ 『청오경(靑烏經)』의 이장 천장법(移葬 遷葬法)
  ① 무덤 봉분에 풀이 말라 죽으면 이장하라.
  ② 이유 없이 봉분이 가라앉으며 이장하라.
  ③ 장후 가족들에게 변사자가 있으면 이장하라.
  ④ 장후 폐륜, 중죄인, 불구자가 생기면 이장하라.
  ⑤ 가족의 변사, 사업의 실패, 가산의 몰락이 있으면 이장하라.
  ⑥ 정부 개발 정책에 따라 부득이 옮겨야 할 때에는 옮겨야 한다.
  ⑦ 후손이 번성한 오래된 묘는 개장하지 마라.

■ 금낭경(錦囊経)의 삼길육흉(三吉六凶)

《三吉》
  첫째, 하늘의 빛은 내려와 비치고, 지덕은 올라가 실리고, 장사 지내는 일과 좋은 길일과 합하고, 좋은 신은 맞아들이고 나쁜 귀신은 피하는 것이니 이것이 첫 번째 길한 것이다.
  둘째, 음양이 충화(沖和, 조화)하고, 오색토(五色土) 중 네 가지가 구비되면, 이미 혈은 온화할 것이니, 이것이 두 번째 길한 것이다.
  셋째, 눈으로 잘 살피고, 공력으로 묘지를 잘 꾸미며, 완전함을 쫓고 부족함을 피하고, 높은 곳은 덧붙이고 낮은 곳을 증가시키는 것이, 세 번째 길한 것이다.
  "皆穴有三吉, 葬有六凶. 天光下臨, 地德上載, 蔵神合朔, 神迎鬼避, 一吉也. 陰陽和, 五土四備, 已穴而温, 二吉也. 目力之巧, 工力之具, 趨全避闕, 増高益下, 三吉也."

《六凶》
  첫째, 음양이 어긋나 차이가 생기면 일 흉이요,
  둘째, 장사지내는 시간이 어긋나면 이 흉이며,
  셋째, 소인이 노력은 적은데 큰 것을 도모하는 것은 삼 흉이고,

넷째, 부유한 재산을 가지고 권세를 의지하려는 것은사 흉이며,

다섯째, 신분이 낮은 자가 화려한 격식을 갖추어 묘지를 꾸미려는 것이나 자기 조상의 묘지를 좋게 하기 위해 타인의 묘지를 음해하는 것이 오 흉이고,

여섯째, 정해진 장법에 따르지 않고 아무렇게나 묘지를 만드는 것과 괴이한 현상이 나타나는 것이 육 흉이다. 경에 이르기를 혈은 좋은데 장사 지내는 것이 흉하면, 시신을 버리는 것과 같다고 하였다.

"陰陽差錯為一凶, 歲時之乖為二凶, 力小図大為三凶, 憑富恃勢為四凶, 僭上 逼下為五凶, 変応怪見為六凶. 経曰 穴吉葬凶, 与棄屍同."

■ 동림조담(洞林照胆)의 혈(穴)의 십흉(十凶)

무릇 묏자리나 집은 형세가 비록 좋더라도 열 가지 흉을 만나면 감히 사용하지 못한다.

"凡塚宅 形勢雖佳 若遇十凶 亦不堪用也."

첫 번째는 천패니 그 땅이 일찍이 홍수를 겪어서 용신이 이미 떠났으므로 후세에 쇠패할 것이니 사용하지 못한다.

"一曰天敗 謂其地嘗経洪水 龍神已去 主後世衰敗 不可用也."

두 번째는 천 살이니 그 자리가 일찍이 천둥과 지진을 겪어서 용신이 놀라 흩어졌으므로 자손이 가난하고 천하게 되니 쓰지 못한다.

"二曰天殺 謂其地嘗経雷霆震裂 龍神驚散 主子孫貧賎 不可用也."

세 번째는 육궁이니 그 떨어진 곳에 단지 외로운 봉우리가 혀와 같고, 좌우에 구덩이와 웅덩이가 있고, 안산이 서로 응접하지 아니하고, 혹은 외로운 봉우가 험준하고, 큰 내나 연못가에 임하고, 세력이 협착하며 멀리 강물을 격하여 안산이 된 것이니, 만약 사용하면 잠시는 부귀하더라도 나중에는 쇠절하므로 쓰지 못한다.

"三曰六窮 謂其落処 只有孤峯如舌 左右各有坑陥 案不相応接 或処孤峯嶮峻 臨大川沢 地勢迫窄 而遠取隔江為案 設或用之 雖暫富貴 終亦衰絶 不可用也."

네 번째는 팔풍이니 그 땅이 가운데가 높고 사면이 낮아서 팔방풍이 불어오는 것이다. 자손이 떠나고 흩어지니 쓰지 못한다.

"四曰八風 謂其地中高仰 四面低垂 八風来吹 子孫離散 不可用也."

다섯 번째는 구약이니 명당이 기울어져서 편하게 서기가 어려운 것이다. 자손이 가난하고 아침에는 모였다가 저녁에는 곡을 하니 쓰지 못한다.

"五曰九弱 謂明堂傾側 不通倚立 子孫貧耗 朝聚暮哭 不可用也."

여섯 번째는 수사이니 명당 가운데에 샘물이 있고 지면이 절박해서 사시에 항상 습한 것이다. 자손이 역질이나 종기가 생기므로 쓰지 못한다.

"六曰受死 謂明堂中 有泉水 地面絶簿 四時常湿 主子孫疫癘及瘡痍 不可用也."

일곱 번째는 천옥이니 명당에 구덩이나 광중이 있어서 지맥이 끊긴 것이다. 종기 병이 생기니 쓰지 못한다.

"七曰天獄 謂明堂有坑陷及天井 傷断地脈 主有腫病 不可用也."

여덟 번째는 천구니 그 땅을 일 척만 파면 악석이 강해서 굴착할 수 없고, 척도에도 불합한 것이다. 자손들에게 병이 발생하니 쓰지 못한다.

"八曰天狗 謂其地掘深一尺 有悪石堅彊 不可掘鑿 不合尺度 主子孫病渴 不可用也."

아홉 번째는 천도니 그 땅에 일찍이 군대가 진을 치고 병영을 꾸미거나 옛날 감옥이 있던 곳으로 땅을 일척만 파도 잔모래가 들떠 단단하지 못한 것이다. 주로 종기나 전시·골증이 발생하여 쓰지 못한다.

"九曰天都 謂其地嘗経屯兵下営 及古獄地 掘深一尺 下有細砂浮虚不緊 主腫病及伝屍骨蒸 不可用也."

열 번째는 천조이니 초목이 자라지 아니하고 비가 와도 젖지 아니한 곳이다. 자손이 배를 주리고 궁핍하여지니 쓰지 못한다.

　"十曰天霍 謂草木不生 雨不成泥 主子孫飢乏 不可用也."

■ 인자수지(人子須知)의 장법요강(葬法要綱)

• 시신(尸身)을 편안하게 모셔야 한다

　공자 말씀에 "택조(宅兆)를 잘 가려 편안히 장사 지내야 한다."고 하였고, 정자는 말하기를 "택조를 가리는 자는 그 땅의 길흉을 가려라. 땅이 아름다우면 신령(神靈)이 편안하고 그 자손도 성할 것이다. 마치 나무의 뿌리를 북돋우면 그 지엽이 성하는 것과 같이 부조와 자손은 기운이 통하므로 부조의 신령이 편안하면 자손도 편안하고 신령이 위태로우면 자손도 위태하다."고 하였다.

　주자는 말하기를 "장사(葬事)라 하는 것은 그 조·부모의 유체를 땅속에 묻는 것인데 자손으로서 그 조·부모의 유체를 장사를 지내려면 반드시 조심스럽고 정성된 마음을 다하여 편안하고 튼튼히 모심으로써 장구히 보전할 때 조·부모의 신령이 편안할 것이며, 그렇게 함으로써 자손이 대대로 성하여 제사 받드는 이가 끊어지지 않는다. 그러나 정밀하게 자리를 가리지 못하여 묏자리가 불길하면 반드시 물이 고이거나 개미 및 기타 벌레 등 속이 시신을 해치게 되어 그 시신이 불안하고, 그 자손도 또한 화근을 입어 사망하거나 대가 끊어지는 근심이 있으니 심히 두려운 일이다."라고 하였다. 육상산은 말하기를 "위로 송종(送終)의 예를 다하면 자손만대의 형통함이 있을지니 장사가 어찌 중대하지 않으랴. 부모가 낳아 주신 신체발부도 당연히 잘 보전하고, 사랑할 것이거늘, 하물며 어버이 돌아가신 뒤에 그 시체를 함부로 하여 잘 알지 못하는 무능한 지사나, 무당 등에게 부탁하여 부모의 몸과 혼령으로 하여금 편하게 모시지 못한다면 어떻게 효라 하겠는가!"라고 하였다.

　이상과 같이 성현들이 묏자리의 중요성을 말씀하셨으니 땅을 가리어 장사 지내는 도리는 진실로 어진 사람이나, 효자 된 자로서 가볍게 다루지 못할 것이다. 만일 평소에 지리 등을 전연 배워두지 못하였다가 일조에 대고상사를 당하면 갑자기 어떻게 해야 할지 몰라 구차스러운 점이 많을 것이다. 그러므로 장사를 모시는 데 있어 요행으로 좋은 땅을 얻는다면 좋겠으나, 불행히 불길한 곳을 가려지게 된다면 물이 나오고, 자갈

이 많이 나와 부모를 진구렁에 버리는 짓과 같으니 불효막심함은 물론이거니와, 그해가 곧 자손에게 미친다 하였다. 그러므로 평소의 지리서를 배워두면 아무런 후회가 없이 부모의 체백을 편안히 모실 수 있을 것이다.

• 시신을 오래 두지 못한다

옛날에는 초빈(草殯: 사람이 죽으면 곧 묻지 않고 산이나 들에 관을 넣고 이엉 따위로 덮어둔 것)이 있어 시체를 오래 두는 폐습이 있었다. 그러나 지금은 삼일장 혹은 오일장, 칠일장으로 곧 장사를 지내고 있으니 무관하다.

• 선조묘에 가까이 장사하지 말라

지리 법에는 여러 가지 설이 있으나 대체로 논한 것을 종합해 보아도 장사라는 것은 첫째, 생기를 타서 행하여야 한다는 것이다. 고로 "천리행룡(千里行龍)에 오직 팔 척(八尺)의 혈이 융결(融結)하여 있다."고 말하였으니 선친의 묘를 선조 묘 부근 좌우상하에 모시면 안 된다. 그곳은 모두 사기로 되어 있어서 그곳에 장사를 지내면 한낱 개미구멍이나 물구덩이에 모시는 것과 다름이 없고, 선조 묘의 생기만 누설시켜서 그 화환이 작지 않다고 하였다.

• 파구(破旧)터에 쓰지 말라

파구 터란 옛 무덤의 자리인데 그 무덤의 자리가 좋았다 하여 그곳에 안장하는 예가 간혹 있다. 그러나 만약 그곳에 다시 묘를 쓴다면 몇 백 년을 지난 파구 터라 할지라도 발복되지 않는 점을 알아두어야 한다. 전해지는 말에 의하면 모인의 모대 선조의 묘소를 사서 장사하였으나 발복되기는 고사하고 오히려 불리하였다 한다. 이로써 보건대 구혈은 바람이 옮기고, 물이 바뀌며 또 기가 진하여 재발복되지 않음을 알 수 있다. 이 내용은 좀 더 연구해볼 필요가 있다.

• 무고(無告)한 개장(改葬)을 하지 말라

공자가 말씀하시기를 "물과 불과 개미 및 벌레 따위의 근심이 있어 개장하는 것은 부득이하나, 잘 알지도 못하는 지사의 그릇된 견해로 길지를 버리고 개장하는 일이 있으니 참으로 불행한 일이다."라고 하였다.

　『청오경(靑烏経)』에 말하기를 개장할 만한 일이 다섯 가지가 있으니,

① 아무 이유 없이 무덤이 가라앉는다.
② 무덤 위의 초목(草木)이 말라죽는다.
③ 집안에 음사(淫事)가 생기거나 소년이 죽고 고아, 과부가 생긴다.
④ 남·여에게 패역, 부도, 체형, 상해가 거듭 생긴다.
⑤ 무고한 사망, 절손, 가산치패, 송사가 연첩한다.

　파묘할 때에 상서로운 일이 있으면 파헤친 묘를 다시 봉축해야 한다. 즉, 물 구슬이 물렁물렁하고 온기가 있거나, 혹은 안개 같은 김이 있고, 혈 가운데가 건조하여 개미 같은 벌레가 없다. 이 같은 경우가 있으면 즉시 파헤친 무덤을 다시 덮고 봉적해야 하는 것이다. 개장하지 말아야 하는 조건이 두 가지가 또 있으니,

① 장사 뒤에 자손이 번성한 묘는 옮기지 말아야 한다.
② 연대가 오래된 묘는 이장하지 말아야 한다.

　정자가 말하기를 '다섯 가지의 옮겨야 하는 점'이 있으니,
① 장차 도로가 될 염려가 있다.
② 묘 부근에 성을 쌓거나 가옥을 신축할 일이 있다.
③ 개울이나, 구멍이 나거나, 무너질 염려가 있다.
④ 세력가에게 점령을 당한다.
⑤ 밭을 개간하게 된다.

　그러므로 될 수 있는 한 묘를 옮기지 말아야 하는 것으로, 부득이하여 옮기게 될 경우는 반드시 지리에 밝은 사람을 물색해서 좋은 곳을 가려야 한다.
　대개 땅이란 전부가 모두 아름다운 것은 아니니 땅의 경중과 완급을 살펴야 한다. 만약 재물은 있으나 인정이 성하지 않은 경우는 따뜻한 혈을 구하고, 인정은 많으나 재물

이 없으면 마땅히 득수의 길한 곳을 구하여 이장함이 좋을 것이다.

• 반드시 대지(大地)를 구(求)하려 하지 말라

땅을 구할 때 반드시 진(眞)과 가(假)를 분별하여야 하고, 크고 적은 것에 구애받지 말아야 한다. 대개 대지란 알아내기도 어려운 가운데 신령(神靈)이 맡고 있어 쉽게 구하지 못할 뿐 아니라, 대지를 구하려다 적은 자리도 구하지 못하고 오히려 가혈을 얻어 복을 구하기 위하여 앙화를 당하게 되는 것이다. 비록 적은 땅이라도 덕을 닦은 공이 있어야 이를 얻어 발복하거늘 하물며 권력 따위를 믿고 적악하여 길지를 얻을 수 있으랴. 대지를 얻지 못하고 적은 땅이라도 진혈만 구하면 공후장상이 나오는 것이니 다만 진과 가를 알아서 구하되 대지의 유혹은 삼가야 한다.

• 길인(吉人)의 격무(格武)를 따르라

지리를 밝히 아는 사람 중에는 도안(道眼)과 법안(法眼)이 있다. 법안은 명사의 가르침을 받아 산천을 두루 거닐며 명묘를 살펴 어떻게 되어서 길하고, 어떻게 되어서 흉한지 알아내고, 또 어떻게 격에 맞고 성진(星辰)과 물은 어떻게 합국되었는가를 일일이 검토하여 모범으로 삼는 이가 법안이며, 자기 스스로 지리에 통하여 깨우친 사람이 도안(道眼)이다.

• 현명(賢明)한 지사(地師)를 구하라

증갈계가 말하기를 "길한 땅을 구하려거든 반드시 양사를 만나면 땅을 구하기가 어렵지 않으나 그런 사람을 만나지 못하면 비록 눈 밑에 좋은 땅이 있을지라도 얻을 수 없으며, 혹 얻었다 해도 옳은 혈을 찾지 못할 뿐 아니라, 장법을 어기기가 쉬운 것이다."라고 하였다.

• 음덕(蔭德)을 닦아야 길지(吉地)를 얻는다

채문절공이 말하기를 "적덕(積德)을 하는 것만이 좋은 땅을 구하는 근본이니, 무릇 사람이 자손만대의 경영을 하고자 하면 마땅히 공순하고, 겸손한 마음으로 처세하고, 남의 편리를 도모하고 조금이라도 도리에 합당치 않은 일은 행하지 말아야 백신(百神)

이 감응(感応)할 것이니, 길지를 가리는 일은 다음의 일이다. 그러므로 패역(悖逆)부도(不道)하고 불효불제(不孝不悌)하는 인간은 조물주(造物主)에게 벌(罰)을 받을 것이니 무슨 소용이 있으리오."라고 하였다. 또 문절공은 말하기를 "돌이켜보면 대개 어떤 사람은 길지를 얻었으나 발복을 받지 못하고, 도리어 앙화를 당하는 예가 있는데 그 이유는 대개 재혈의 잘못이거나 향법의 틀림이요 또 혈자리를 팔 때, 용과 혈을 상하여 길한 것이 흉으로 인한 것이며, 길지를 얻고도 자기 고집을 세우고 양사의 말을 듣지 않은 것이다. 또는 길지를 얻어 분명한 혈에 장사하였으나 자손이 타인의 말을 듣고 이장하는 일로 발복이 되지 않는 바이니, 이것이 곧 덕을 쌓지 않은 사람이면 길지를 얻고도 저절로 이장하게 되는 무복한 사람이며, 유복한 사람은 길지를 제대로 얻어 보전하는 것이니 이는 반드시 적덕한 집안이다."라고 하였다.

• 풍수의 명의(名義)를 논한다

지리가에서 풍수라 이름 지은 것은 곽 씨가 말한 "장사라 함은 생기를 타서 행하여야 한다. 그리고 생기가 오는 곳은 물이 인도하고, 기운이 그치는 곳은 물이 함께하며, 기운이 모이는 곳에는 바람의 흩어짐이 없는 고로, 왈; 물을 얻으려면 바람 감추는 곳을 구함이 옳다." 하였다. 또 말하기를 "기운이란 물의 맥이다. 고로 기운이 있으면 물이 있다."고 하였고, "부는 바람이 능히 생기를 무너뜨린다. 또는 외기의 형체가 횡으로 있고 내기는 생기를 멈추게 한다. 또 물을 얻음이 상이요, 바람을 감추는 것이 다음간다."고 하였다.

풍수라 함은 생기의 오는 것과 멈추고 모이는 것을 말함이니 바람이 없으면 생기가 모이고 물이 있으면 생기가 융결하는 것이므로 풍수라는 명의를 붙인 것이다.

홍성서 洪性瑞

충남 부여에서 태어나 충남대학교를 졸업하고, 영남대학교 대학원을 졸업하며 문학박사 학위를 취득하였다. 현재 국민건강보험공단에 재직 중이며 풍수지리를 다년간 연구하였다.
논문으로는 「풍수지리에서의 동기감응에 관한 연구」와 「조선시대 음양과 지리학 과시과목 문헌연구」가 있다.

생활을 풍요롭게 하는
풍수학 카페

초판인쇄 2013년 12월 2일
초판발행 2013년 12월 2일

지은이 홍성서
펴낸이 채종준
기 획 이주은
편 집 한지은
디자인 윤지은
마케팅 송대호

펴낸곳 한국학술정보(주)
주 소 경기도 파주시 문발동 파주출판문화정보산업단지 513-5
전 화 031-908-3181(대표)
팩 스 031-908-3189
홈페이지 http://ebook.kstudy.com
E-mail 출판사업부 publish@kstudy.com
등 록 제일산-115호(2000. 6. 19)

ISBN 978-89-268-5364-1 03150

이담
~~Books~~ 는 한국학술정보(주)의 지식실용서 브랜드입니다.